「過疎地域」から「希望の地」へ
新時代の地域づくり

地方創生のヒント集

奥崎喜久 著

日本地域社会研究所

コミュニティ・ブックス

はじめに

　最近、地方講演に伺って気づくことは、人口減少に対して諦めている地域が実に多いということだ。市町村役所に「地域活性課」や「まちづくり課」などがあっても、成功している地域はまったくもって少ない。実際、新しいアイデアも浮上していないし、案があったとしても既存の練り直しが多く、アイデアが出ても住民の反対が多く、なかなか実行できないのだという。

　ある地域の30歳代の議員さんは、「老醜がはびこっているので、異質というか、今までにない斬新なアイデアなどを提案すると、理由も言わずに反対されてしまう」と嘆く。このような状況で地域の衰退にストップがかかるとは、はなはだ疑問である。また、ある町の長老議員に「人口減少にストップがかからないのだから、思い切ってまちづくりに関心のある若者たちに任せてみてはどうか」と話したが、色よい返事は得られなかった。これらのことからもわかるように、現実には大抵の地域で官民ともに諦めている実態が浮き彫りになっている。筆者はそれらの人たちに目覚めてもらうよう、各地で講演をしながら日々苦労しているのだが、とにかく反応が鈍いのが現状だ。

そこで、本書ではこの停滞ともいえる状況を打破するための対応策などを記した。心当たりのある過疎地域は真剣に考え、自分たちの地域にあてはめながら、努力・行動してほしいと切に願う。そうしなければこの先、さまざまな場で指摘されているように、過疎といわれる地域は間違いなく自治体そのものが消滅するだろう。こうした実態をどう打開し、どう活性化に結びつけるのか。住民たちも一体となって熟慮し、対応してほしいと思う。

今回、これをまとめるにあたって、山形県での講演時に「先生、1回や2回の話では分からないし、すぐに忘れてしまうので、100回でも繰り返し話してください。本もそのように書いてください」との要望があった。そのような事情から、本書では同じような文章、アイデア、対応策などを反復して記すこととなったが、これは何度でも思い出していただくためのことであって、そこはどうかご容赦願いたい。

元（一財）都市農山漁村交流活性化機構（まちむら交流きこう）ふるさと応援隊隊長

地方創生地域活性化工房理事長　奥崎喜久

目次

Part4 人口増につなげた国内外の成功事例

Part 1
過疎の実態と
地域行政・住民への提案

1　危機的な人口減少と少子高齢化

今、日本各地の市町村は、驚くほど過疎と少子高齢化に悩まされており、行政もその対応策に苦慮している。現実に目を向ければ、人口減少とともに結婚難と子どもの減少が相まって、その結果、衰退の一途をたどっている地域が各地に浮上する。

現在、日本には約１７００強ほどの市町村があり、そのうち過疎地域に指定された地域は９００弱、そして２０５０年までには、このうち８００強ほどの市町村が消滅すると指摘されている。また現在、空き家も全国で８００万戸を超えたという。過疎地域に指定された市町村はこの先、どのように生き残りを模索するのだろうか。

厚生労働省は数十年前から日本の人口減少を予測し、旧通商産業省（現経済産業省）では地域振興整備公団という組織を立ち上げ、各産業をはじめとして人口を地方に分散させてきた。当初、この対応は非常に効果があった。が、その後、日本経済が発展するとともに為替がアメリカの圧力によって円高に誘導されたりしたため、企業は工場を海外に移転させたりした。そして90年代、バブル経済の崩壊により、国内の工業団地などでは空洞化がより進み、地方都市は人口減少に拍車がかかった。その結果、ここ20年ほどで少子・高齢化とともに各地域の衰退は急激に加速していった現実がある。ある地域の首長に、「今後この地域をどうするのですか。何か対応策はあるのですか」と聞いても色よい返事は返ってこなかった。

中央省庁は、あくまでも首都圏などの一極集中という実態をなくすことを目的に、地方への工場移転や国の出先機関、企業の研究所や大学などの頭脳集団をターゲットに地方移転などを奨励し、地域振興に役立ててきた。しかし、前述したように円高とバブル経済の崩壊などが加わり、人件費の高騰や深刻な人手不足などの事態も重なり、企業の海外移転に拍車がかかっている。その結果、地方社会ではますます過疎状態に陥り、さらに結婚難という事情もあってか、人口減少にストップがかかっていないのが実態である。

経済産業省は「今後も地域の特性を生かしながら豊かで住みよい地域づくりを目指し、地方社会に協力していきたい」とコメントしているが、人口減少が止まらないことに加えて働き手も高齢化し、若者の働き手は思いのほか減少している。そんな中、地方に造成された工業団地の販売も挫折しており、計画通りにいっていない地域も多々ある。このような実態も表面化し、地方の閉塞状態にストップがかからないのが現実である。加えて少子・高齢化は厚生労働省の予測値をはるかに上回り、２００８年が日本人口のピークで、その後は人口減少に拍車がかかり、現在まで、なんと人口が１００万人以上減少している。政府は外国人の働き手を呼び込もうとしているが、このような現況の日本は、そして各地の過疎地域は、今後どのように考え、どう対応するのだろうか。

2　外国を含めた他地域の成功事例収集と行動がポイント

こうした実態を踏まえて、過疎地域はこれから先、どのような対応策で活力を見いだしていくのか。過疎の各市町村では、首都圏などから移住者を求め始めているが、現実には移住者を呼び込めるような画期的な対応策は少なく、苦心している地域が多い。このような現況の中で、北海道のある地域では、外部の意見を取り入れようと、毎年〝よそ者サミット〟を開催し、寄せられた意見や対応策を参考に、地域の活性化や移住者を呼び込むアイデアを模索するなど、必死に取り組んでいる。また、岡山県西粟倉村では、村の若者たちが立ち上げた村内のベンチャー企業を巻き込んで、2021年までに仮想通貨技術を使った「ICO（イニシャル・コイン・オファリング）」で資金調達し、村の活性化に取り組もうというプランが動き始めた。これに県の行政も即刻賛同し、村は彼らの事務所として廃校になった小学校を貸し出して対応している。行政はこのプランに地域以外の若者たちをも巻き込むような優遇策を提示し、移住促進も視野に入れてサポートしている。

ところで、筆者は地方創生と地域活性化のアドバイザーとして各地に伺っているが、講演先などでこうした他の地域で成功しているアイデアなどを話しても、「人はいないし、ここでは無理ですね」とか、「とにかく若者がいないのですよ」など、否定するところが実に多い。成功している地域が「どうして成功しているのか」を検討もせずに、最初から拒否し、諦めている地域があまりに多いので困惑する。今後は異質と思われるようなアイデアであっても即、否定せず、まずは官民が話し合いながら検討し、取り組む姿勢をぜひ示してほしいものだ。

先般、講演で伺ったある過疎の地域では、首都圏から移住した人がたった2年でまた帰っていった。そこで、引き上げていった理由を、移住を担当した職員に聞くと、彼らが「地域の人たちからなんとなくよそ者扱いされ、仲間に入れてもらえず、話し相手にもしてもらえなかったので寂しかった」と話し、さらに「地域の住民に移住者を歓迎するような対応や雰囲気がなければ、今後も移住先としてはこの地域は無理だと思う」と言われたという。引き上げていった人のこの話から、地域住民の反省点も浮上するのではないか。

現在、各地の過疎地域では驚くほど多くの空き家が存在するが、対応するアイデアによっては間違いなく都市圏などから移住希望者を呼ぶことができることを知ってほしい。現に、その対応策などで成功している地域もあるのだから。それらの対応策は後で提案するが、その前に、地域の住民一人ひとりに問うておきたい。地域の消滅という問題に直面したとき、絶対的な危機感を持って対応策などを模索し行動するつもりがあるか、どうか。地域の存亡は、まさに住民の行動力にかかっていると思う。

3　模索するとアイデアは浮上するものだ

現在、日本は47の都道府県の内、40ほどの道府県で人口減少と少子・高齢化が顕著で、地域の衰退に悩まされている。そこで政府は今後、首都圏などから過疎地への移住者に300万円補助するなど、さまざまなアイデアを模索・提案しているのだが、それを「知らなかった」と言い、その上、まったく検証もせずに「この地域への移住は無理ですよ。移住者にアピールできる仕事もないし対応策もない。住民は高齢者だけで若者がいないのだから」などと、首長までがこんな言い訳をして諦めている地域が実に多い。だが、例えば都会などの識者を入れながら行政と住民が一体となって懇談し、地域の未来に危機感を持って話し合えば、何らかの対応策やアイデアが浮上するはずである。これを出発点として地域全体で行動を起こし、取りかかれば、明るさが見えてくる可能性もあるのではないだろうか。実際に、地域が消滅するという危機感を持って行動した結果、過疎に指定された地域が人口を増加させた実例があることを知ってほしい。

人口減少に歯止めがかからず、逆に拍車がかかっている過疎地域の「対応策やコンセプトは何か」を模索すれば、さまざまなアイデアが浮かぶので、行政は地域住民と一体となって熟慮を重ねて対応策を模索し、取り掛かってみてはいかがだろうか。他の地域での成功例をインターネットなどで検索、調査し、これを参考に行政と住民が一体となって検討し、対応策を練って全員で行動に移してほしいと思う。後ほど端的に対応策などを記述するが、前述したように、過疎に指定された地域でも人口を増加させている例があることを忘れないでほしい。行政は住民とともに移住希望者なども呼び込めるような対応策を熟慮・検討し、発信してみてはいかがか。そのためにも地域全体で努力し、受け入れ体制を整えてほしい。そうしなければ今後、至るところに消滅する地域が浮上することになるだろう。こうした日本各地の現状に、過疎地域の行政は危機感を持って真剣に対応してほしい。以下に対応策などを記述する。

◎第1の提案　首都圏地域から気軽に来村できる場を提供する

近年の日本は、過疎地域と少子・高齢化は驚くほど急激に拡大している。先般、秋田県の男鹿半島に伺ったが、折しも「ナマハゲ」という祭りがユネスコ（国際連合教育科学文化機関）の無形文化遺産に登録された。地元では「世界に認められた」と喜びの声が上がる一方、多くの地域で過疎や高齢化による祭りの担い手不足に直面しているのが実情だ。以前には男鹿市内１４８町内会のうち、１３４の町内会でナマハゲがあったが、住民の減少により２０１７年には85町内会だけとなっていた。「ナマハゲ」に限らず、伝統ある祭りまで消滅している地域があるのが実態だ。

そこで、このような現況に対し、今後の対応策としては何があるか。まずは、できれば首都圏などの地域と過疎地域が、互いに分離された状態ではなく、深いつながりを持つような形態を構築するというのはいかがだろうか。双方がこのような社会構造を築いて交流し、共生を前提にして活性化、生き残りを模索するのである。それには何といっても、お互いが親密に行き来できるような相手先を見つけ出し、話し合いの場を持つことが必然だ。最初はその交流によって、できれば姉妹都市を前提にしながらアイデアを模索する。過疎地域であっても対応次第では活性化につながるし、将来的には移住につながるアイデアなども提案してはいかがだろうか。実際、こうした前提の取り組みで地域活性化を模索しているのが、福島県の白河市に隣接する天栄村である。

この天栄村も、高齢化と人口減少に危機感を募らせている地域の1つで、筆者も何回か講演に呼ばれ、対応策などを提案している。以下に、元村役場職員の君島氏の話を紹介したいと思う。

君島氏は、首都圏に暮らす人々に来村してもらう手段として、「しんせき村」という交流の場を構想した。首都圏地域から来村する人々と村民が交流できる場を持つことで、地域活性化につなげようとしたのである。具体的には、君島氏自ら土地を別荘地として提供した。それに首都圏の人たちが呼応し、合計6つの別荘が出来上がった。次いで、君島氏は移住してきた人たちと懇談し、話し合いの中からさまざまなアイデアを模索し、そこで見つけ出したアイデアなどを地域活性化に結びつけようと、日々努力している。また、来村した人たちは必ず地域ならではの農産物を購入しているほか、一度でも来村した人は、地域で収穫した蜂蜜などを毎年、楽しみに購入してくれる人も多いので、生産者は大いに助かっていると言う。こうした地道な取り組みが、村の活性化にわずかながらでも寄与しているのは確かだ。

◎第2の提案　農産物に絞り込み、行政が積極的に売り込む

筆者が何度か伺っているアメリカを始め、フランス、イタリアなどにも過疎地域は存在する。そのような地域では、積極的に都市との人材交流を活発にして、双方がホームステイにまで結びつけているケースもある。そして、そこから始まる付き合いや懇談からはさまざまな対応策が浮上するが、その都度、見事に対応している。地域の若者との婚活や農業生産に携わりたいという若者も名乗りを上げるケースもあり、これらをすべて逃さず地域活性化に結びつけている。彼らは地域に空き家などが出ると、即刻その都市の関係者に連絡し、都市住民は知人などにPRする仕組みができているため、それをきっかけに移住してくることもあるという。都市との人材交流は、日本では災害などの助け合いという形で対応している地域もあるが、普段の付き合いはあまり活発ではないように思う。

これらの対応策を模索すると、その「都市住民」との対話からさまざまなアイデアが浮上するので、そこから地域活性化に寄与する対応策を見つけ出すことができると思う。過疎地域を奮起させる対応策として、彼らは何か異質と思われるアイデアであっても、地域の特色

を持った多様性のあるプランなどを熟慮しながら提案し、そして地域住民が一体となって行動している。オランダなどは主に花やジャガイモなどの生産国だが、国内販売よりも周辺各国に輸出しているし、特に花などは日本も輸入しており、これで大成功している。

オランダの面積は日本の８分の１ほどで、人口は１７００万人強の小国だが、農産物の輸出額は日本円に換算すると年間約８兆円にもなっており、これらの取り組みが農家の活性化にもつながっている。振り返って日本政府は農産物の輸出額を金額で１兆円を目指しているが、現在では約９０００億円強（２０１８年）でオランダの10分の１弱である。日本といえば農家人口が急激に減少し、過疎地域になっているという現状もある。

これらの実態を考えると、日本の農業地域でも、まず行政が地域の農産物におけるターゲットをはっきりさせ、住民の先頭に立って売り込みに対処・行動してほしい。福島県会津地域では米ニューヨーク市のホテルで日本酒の飲み会を開いたり、千葉県の知事は先般、タイまで千葉県産の農産物を売り込みに行ったりしている。そしてこの対応策のように行政は住民を巻き込みながら、福島県南郷地域で有名なブランドになっている「南郷トマト」などのように、全国から評価されるようになってほしい。各地にはソバの街や、とうもろこし街道などもあるが、その評判が地域の活性化に結びついているのは事実だ。今後はこのような対応が重要なポイントになるほか、地域の生き残り策になるのではないだろうか。

◎第3の提案　古民家を再生し、温泉の共同浴場を復活させる

ここでは日本一、消滅の危機に陥った村を取り上げてみたい。2015年の国税調査によると、群馬県南牧村では、以前、ピーク時の人口は1万537人だった。しかし、現在の人口は5分の1以下の1980人ほどの集落となり、民間のシンクタンク「日本創成会議」が14年に発表した「消滅可能都市」という896の自治体のうち、試算のもとになった20〜30代の女性の減少率も90%ほどで、調査結果から最も消滅率が高かった。また、最近の国税調査（2015年）で高齢化率は60・5%と、このときも日本一高かった。

これに改めて危機感を持った村役場がさまざまな対応策を考えた。例えば、古民家を無料で修理して貸家対策をしたり、家族連れ移住者のために保育園などを立ち上げ、給食費を無料にしたりしたのである。これらの情報を発信した結果、最近は移住者が人口の2割を超えた。この移住者たちもまた築200年の古民家などを改修したほか、かつて地域住民の憩いの場として親しまれ、地域の宝でもあった温泉の共同浴場を68年ぶりに復活させるなどした。その「温泉を拠点にしながら村外から移住者を呼び込みたい」と、官民が期待を膨らませて

いる。このような記事がマスコミに報道された結果、移住の問い合わせも多くなったという。

以前、この地域は養蚕やこんにゃく作りが農家の主な仕事だったが、これも人口減少から衰退し、最盛期には１００軒以上、数百人が暮らしていた集落は、現在16軒22人となり、地域住民の年齢も70～80歳の高齢者だけという集落となっている。

そこでこれから先、さまざまな優遇策で都市圏の住民と地域住民が交流できるようになれば、移住先として選択してくれるかもしれないということで、現在は官民とも必死で対応している。その結果、都市との交流ができるようになれば、例えば災害などが発生した場合でも双方で助け合うことができるほか、農村地域では普段から農産物などの供給地域として、また子どもの夏休みや冬休みに双方の交流などを積極的に促進することなどによって、過疎地域の住民も考え方が活性化されるのではないかと思えてならない。現在、哲学者の山内節さんが移住しているほか、最近千葉県から移住した米田優さんは、ここで民宿の経営を始めている。

◎第４の提案　有休農地を滞在型のクラインガルテンに

長野県で講演を頼まれたので寄り道し、仕入れた情報もある。

近年の日本は農業従事者の高齢化もあり、リタイアする人が毎年増加している。以前の農家人口は最高1000万人弱だったが、最近は日曜農業に携わっている人を入れても200万人を割った。そこで企業も参入し始めているが、各地域では田畑など遊休農地が年々増加しているのが現実である。移住者に貸し出している地域もあるが、これはまだ微々たるものだ。何年も放置していると、雑草で農地として戻すことができないという。

このような実態に対し、長野県松本市四賀地区では、この遊休農地の増大に頭を悩ましていた当時の村長が欧州を視察した際、ドイツのクラインガルテン（貸し農園）を目の当たりにし、これを取り入れようと帰国後、地元で対応策を考え、住民といっしょになって取り組んだ。そして賛同した住民を巻き込みながら、さっそくこのプランを村の遊休農地の活用策として導入計画を立てた。さまざまに試行錯誤をしながら、平成4年に3区画で宿泊もできる長期滞在型のクラインガルテンをオープンさせた。その結果、首都圏を中心に多くの都市住民が入居するという、思わぬ効果をあげ、地域の活性化にも寄与している。その後もこのプランを拡大させており、現在も人気は衰えていない。参加した住民は「これでずいぶん地域が活性化されて元気が出たよ」などと話していた。行政はというと、この入居者たちと懇談しながら滞在者が利用しやすいような、また便利と思われる対応策などを模索しながら提案し、入居者のアイデアなどを取り入れることによって移住にもつなげている。

こうした例は、地元住民をも巻き込んで行動したから成功につながったのである。しかし、このような地域はまったくもって少なく、ある地域の若者は、「今までにないような少し変わった意見を言うと即、否定されるので、発言しにくい」と話していた。そこで、行政はぜひ、異質と思われるアイデアの提案があっても即反対はせず、どうやって対応するのか、住民と話し合いながらまずは検討し、それから行動に移してほしい。このような行動が出発る〝原点〟なのだ、ということを改めて知ってほしい。

◎第5の提案　外国人観光客には〝農泊〟を提供する

外国人の観光客に日本の農泊が注目されている。以前、台湾に伺ったことがあるが、現地の主催者から「日本の農家に宿泊できる地域はないですか。日本には何回も行っていますが、昔ながらの農家に泊まりたいんです。同じような建物が台湾にもあったから懐かしいんですよ」と言われたことがある。そこで、この話を日本の講演先でよく話すのだが、この話が伝わったのかどうか、福島県二本松市の東部地区では仙台の観光業者と提携し、台湾の観光客に農泊を提供して好評を得ている。

滋賀県大津市の川口洋美さんは、外国人で何回か来日している旅行者が、わざわざ農村を選んで訪れるケースが増加していることを知り、「農村の素朴な魅力は外国人にとっては新鮮で魅力なのでは？」と考え、今から4年ほど前に外国人専用の旅行会社を始めた。そこでは琵琶湖周辺のサイクリング、県南部の茶畑の案内、農産物の収穫や地元の調理体験などを提案している。農家の庭先で餅つきを体験するツアーも行なったりしており、知人に言わせるとこれが大好評という。このような地域もあるのだから、過疎地といえども活性化を諦めず、何か行動してほしい。地域の官民がいっしょになって対応すれば、間違いなく活性化される方向性を見いだすことができるのではないだろうか。そこで異質なアイデアであったとしても即否定せず、検討しながら取りかかってみてはいかがだろうか。

そこで思い出すのは30数年前のこと。北海道ニセコ町のスキー選手権大会に行ったとき、地元の関係者たちと懇談したことがある。その場にいた役場の職員たちに、「これからは外国人がスキーに来る。間違いないよ。ニュージーランドの世界マスターズ選手権大会に出場したとき、彼らから日本のスキー場の話をしつこく聞かれたんだ。日本に滑りに行きたいって。そこでニセコを紹介したことがあるんだ。南半球のニュージーランドやオーストラリアは、夏と冬が日本と反対だから彼らにとっては休みも取りやすいし、スキー場では雪質もいいと聞いているので、絶対行きたいと言っていた。これからは絶対に彼らが滑りに来る、間違いないよ」などと話したことを思い出す。そのときは反応もなく不思議な顔をされたが、現在は外国人がペンションを経営したり、冬はおろか夏まで外国人が訪れ賑わっているため、若者の働き場所も確保され、農業も再び活性化し、町には高額なマンションも立ち並んだりして、これらが地域の復興に非常に役立っている。

◎第6の提案　移住希望者には事前説明をし、受け入れ態勢をしっかりと

最近、地方への移住者がわずかながらだが、増加傾向にある。以前はリタイアした高齢者などが多かったが、最近は若者の希望者も増えているという。しかし、ある地方では今でも移住した人を、〝よそ者〟といった態度で、何となく仲間に入れてもらえず、移住した知人は4年ほどで東京に戻った。彼に話を聞くと「そこは環境もいいし畑も貸してもらえた。季節の農産物もその都度プレゼントされたりするので買わなくてもよく、非常に助かった。だけど、なぜか地域の住民からは仲間に入れてもらえず、話し相手もなく寂しかった。移住する前に地域で受け入れる人たちの対応を、役所職員などに聞いておけばよかった。また私たちが移住する前に、役所は地域住民に『移住者をよそ者扱いせず、受け入れてほしい』など

と話しておいてほしかった。役所の最初の説明と違うこともあったし。もっと住んでいたかったのに残念だよ」と話していた。今後もこの地域の住民が、無意識でもこのような対応をしていたのでは、移住の地域にはなれないと思う。

　都会の住民で、訪ねる田舎や親戚がない人などが、地方との交流を望んでいるケースが多い。特にリタイアした後、地方へ移住し、農業を希望する人は年々増加傾向である。だが、実際に移住し、住んでみると「移住前の説明とはだいぶ違っていて、ましてや地域住民との交流がほとんどない。こんなはずではなかった」などと、人数は少ないが実際に戻っている人もいる。このような実態もあるのだから、受け入れ側は具体的な対応策をぜひ考えてほしい。

　現在、東京・有楽町の駅前ビル８階には、地方への移住を希望する人のために、相談する事務所がオープンしているが、以前はそのような相談をする事務所などがなかったため、東京都庁に相談に行ったという。当時の副知事だった知人の高橋さんの話である。しかし、最近は移住を相談する事務所が開設されているため、首都圏からの移住希望者が年々増加傾向にあり、現在移住者の希望の県としては、山梨県と長野県が首位を争っている。特に若者には移住する前、仕事の説明と移住後の対応が違わないことを切に望みたい。

◎第7の提案　農泊や農業体験で首都圏の人たちと交流を重ねる

先般、福島県の奥会津地方にある金山町から声がかかったので伺い、役場幹部と地域活性化などの話で懇談した。また、長谷川町長さんには耕されていない田畑や空き家などを案内していただいたが、昔ながらの大きな空き家も多くビックリした。その中には「ここは貸してもいい」という空き家もあった。住民は多いときでは1万人弱だったが、現在は人口2000人弱。そのこともあって、町長さんは必死で活性化を模索している。

そこで提案だが、首都圏の人たちと地方の人たちが「親戚づくり」や「名誉市町村民」という形態で、インターネットなどで都会人を呼び起こす運動を展開し、双方が交流のきっかけにしたらいかがだろうか。例えば、季節によって田植えや稲刈り、また果樹のほかに山里のキノコやタケノコ狩りなどを発信し、その他、できれば農泊なども安価で対応してもらえれば、都会人との交流が盛んになることは間違いないと思う。これをきっかけに都会人と気軽に懇談し、過疎地域でも都会の人たちを気軽に受け入れるという基盤ができれば、双方の住民には大変なインパクトになり、移住につながる可能性もあるのではないだろうか。

前述した天栄村の「しんせき村」では、首都圏の人たちとの宿泊交流にもつなげており、そこでの懇談からさまざまなアイデアを模索し、活性化を図ろうと必死で取り組んでいる。

また、ここでは都会の人たちとの交流が農産物のビジネスに結びついたほか、さらにはその人たちの中から移住するという人まで出てきている。来村した人たちとは常に懇談を重ね、地域活性化のアイデアなどを模索・検討し、行政は地域住民と話し合いながら対応している。こうしたことから住民の考え方も徐々に変化してきたという。

その他、同じく同県会津若松市に隣接している柳津町の小さな温泉街の「花ホテル滝のや」さんでは、筆者の提案で20年ほど前からさまざまなテーマで講演会を立ち上げている。現在、その回数はまもなく６００回になる。開催している塩田君は、「この講演会から地域の人たちが対応策などを模索し、アイデアを話し合いながら地域の活性化に役立てています」と話す。今回は空き家を改造し、10人ほどの素泊まりを提案している。

◎第8の提案　全国の同名市町村に呼びかけ、地域サミットを開催する

近ごろの日本の人口減少と少子高齢化にはどこの地域でも頭を抱え、対応に苦慮しているのが実態だ。そこで最近はさまざまな対応策をとっている地域も存在するが、画期的な成功例はあまり聞かない。右往左往しているのが現実と言わざるを得ない。

このような状況の中、島根県浜田市では過疎化への対応策として、子どものいるシングル

マザーに呼びかけ、さまざまな優遇策を構築しながら提案し、マスコミなどを使ってこの人たちを呼び込み、職業や住む場所を斡旋し、少ないながらもその人たちを地域の人口増に役立てている。移住してきた親御さんたちには、介護や保育といった職業まで紹介しているほか、子ども手当なども充実させているので、数は少ないが成功し始めている。

その他、山形県川西町では、同じく筆者の提案で、全国の「川西」という名のつく市町村に提案し、年1回、全国の川西という地域をお互いに訪問し合い、地域の活性化をテーマに取り上げながら、そのアイデアなどを双方が模索・提案しながら懇談し、対応している。この「川西」という地域は山形県のほか、新潟県、兵庫県、奈良県にあり、この4県が年1回の持ち回りで「川西サミット」を開催し、これらの懇談などから地域づくりのヒントを浮上させて検討し、少例ながらも成果を上げ始めている。

ほかにも、鳥取県では20数年ほど前から移住希望者に、地域での暮らしを体験してもらうというプランを提案し、1日から3カ月間の宿泊を実施している。同様のプランは各地域などでも提供しているが、内容によっては格差も発生し、移住した後の受け入れ態勢が説明と違ったりして混乱している地域もある。だが、これら移住者に対する対応次第では、その移住者からの口コミで評判を呼び、少ないながらも新しい移住に結びついている地域もある。

現在、政府は働き手の減少から外国人を農業地域にも移住させるという対策も浮上しており、それにもできれば対応してほしい。今後、間違いなく外国人などが移住し、地域の農業や漁業などにも従事するという時代が到来することは間違いない。そのような人たちを違和感なく地域住民が受け入れられるかどうか。官民一体の知恵の絞りどころである。

◎第9の提案　人付き合いを蜜にして孤独な高齢者をつくらない

今後の地域社会のあり方として、子どもや高齢者にとって優しく住みやすいということを標榜して地域づくりに取り組むのも1つの対応策である。というのは、高齢者でも元気な人たちはボランティアで病弱な人などを助け、病院までいっしょに行ったり買い物のサポートをしたりするというシステムでもあれば、非常に心強いのではないだろうか。そして、自分がその立場になった場合には、いつでも助けてもらえるという対応があれば、安心してその地域に住めるようになるのではと思うのだが、いかがだろうか。

千葉県白井市などではこのような対応策をとっていて、地域の高齢者には評判となっている。また、筆者の長男が留学していた米国ユタ州のソルトレイクシティでは、認知症の予防策として、主にシングルになった高齢者宅に教会などから連絡を受けた子どもたちが訪問し、高齢者がその子どもたちに昔話を聞かせるというシステムがあった。長男もこれに参加していたが、市役所の担当者は筆者に「これを始めたところ、認知症の患者数が約６％下がった」とコメントした。これなども地域社会に大変なインパクトを与えていたので、日本でもどこか手の上げる地域はないだろうか。

このような文章を書いているとき、各新聞に次のような記事が載っていたので記述したい。それは、「一人暮らしで人付き合いが少なく、社会的に孤立している高齢者は、そうでない人と比較して、介護が必要な状態になったり死亡したりするリスクが1・7倍との調査結果を、筑波大などの研究チームがまとめた」という記事だ。研究チームが滋賀県米原市と協力し、同市内の65歳以上の人を対象に調査した結果である。このアンケートの有効回答が得られた６６０３人について、２０１１年から６年間、要介護認定を受けたり死亡したりする割合を追跡した。

社会的なつながりが健康に与える影響を調査するため、①近所付き合いがない、②独居、③老人会や地域の祭りなど社会活動への参加がない、④経済的に困窮、の４項目の指標を設定した。このうち２項目以上当てはまる人は、６年間のうち半数近くが要介護や死亡となり、４項目に全く当てはまらない人と比較したところ、1・7倍ほど割合が高かったのだ。

社会的孤立に加え、運動や認知機能など心身の活力が低下した場合では、要介護や死亡の発生率がそうではない人の2・3倍と、さらにリスクが高かった。研究チームの山田実・筑波大准教授（老年学）は、「『みんなで話し合いましょう』といった社会的な交流を促す取り組みも重要だ」と指摘している。この研究報告から浮かび上がるのは、とにかく人付き合いでのおしゃべりや、もっと運動などをしなさいということである。

◎第10の提案　外から情報を学んで地域の活性化につながる

前述した川西町では、女性の生涯学習「山形県ミズ・アカデミー」を立ち上げ、毎月筆者を講師に呼んで、「地域づくりは人づくり、女性が変われば地域も変わる」をテーマに、さまざまな地域の活性化にチャレンジした。全国にある「川西サミット」もそうだが、最初に学んだことは、「地域では聞いたこともない」といわれた、現在の世界の動向や日本経済の動きなどだ。そして首都圏の農産物など市場動向にも注目しながら学習し、それを少しずつ地域の活性化に結びつけた。その川西町では、ミズ・アカデミーの学長、佐藤スミさんが若いお母さんから、「納豆に入っているビニールのタレを破るとき、うまくいかなくて周囲にこぼしたりして大変なの」という話を聞いたことから、タレのいらない納豆を開発した。そしてこれを東北物産展に出品したところ、出品729点中第1位となった。現在1個300円ほどの高価格にもかかわらず、毎月10万個ほど出荷しており、売り上げはなんと年間数億円にもなった。そこで地域住民を10人ほど雇い、地域の活性化に寄与している。

この学習会はたびたび山形新聞などに取り上げられた。その結果、県からの推薦で当時の文部省の面接を受け180万円の補助金をいただいた。そこで当時全盛だったケント・ギルバート氏に連絡し、来町してもらい、講演会を行なったところ、会場には聴衆があふれ返り、地域に大変なインパクトを与えた。また、川西町には日本一と言われるダリア公園があるのだが、そこでダリアはメキシコが原産地なので、「どうせならメキシコ人に来てもらって講演してもらったら」と話すと、「メキシコ人なんてどこにいるのよ」ということになり、筆者が東京のメキシコ大使館に伺い事情を説明したところ、アルベルト・ロペスさんの来町が叶い、講演していただくことができた。初めは地域の行政も「大使館の人なんて来るわけがないよ」などとまったく信用されなかったのだが、実際に来町したので大騒ぎ。マスコミや地域に大変なインパクトを与えた。その後、メキシコシティの高校生の楽団が20人ほど来町し、ホームステイで対処したほか、大使まで来町して講演していただくことができた。後日、町長とタレのいらない納豆を開発した佐藤スミさん、そして筆者が大使館パーティーに招待されるという展開となった。このような突拍子もない提案が、行動を起こすことで現実のものとなったので地域住民はさぞや驚いたことだろう。このような事例もあるので、もし在京大使館員の講演を聞きたいという地域があったら筆者に連絡してほしい。

◎第11の提案　当該地域にしかできない画期的な産品を開発する

地域にインパクトのある特徴があるかどうか、今一度考えていただきたい。実際、それで活性化されている地域もある。山形県真室川町の斎藤君は、アレルギーなどに関係のないコメで麺を開発し、地域にインパクトを与えている。この麺はアレルギーをもつ子どもたちにもまったく安全という、県の試験場からもお墨付きをいただいたこともあって、学校給食に採用された結果、県内はもとより県外の地域にも宣伝・波及し、マスコミに取り上げられたこともあって大変な衝撃を与えた。現在、彼は農業法人を立ち上げ、国からの援助もあって順調に軌道に乗っている。また、この米麺で変わったところでは、前述した南郷地域の馬場さんに話をもっていき、市場に出荷できないトマトを絞ってその麺を赤くしたり、発芽玄米麺を提案して早速チャレンジしたりして製品に仕上げた。この売り上げも毎年伸ばしている。その後も彼は数種類の製品を作り上げながら販売し、現在は地域住民を7～8人ほど雇い地域社会に貢献し、売り上げも毎年伸びて数億円となっている。

この仕事、最初は周囲から誹謗・中傷もあったらしいが、成功し始めた途端、自らのコメを売り込みに来ているという。また、同県飯豊町の山里地域の中津川は120軒ほどの集落があるが、ここでは8軒の農家が民宿を立ち上げ、現在、台湾人などを宿泊させて好評を博している。その旅行客からは、宿泊先の主人と奥さんに「夕食を一緒に食べて欲しい」とのリクエストが多かったことから実行したところ、これが好評というから「何をか言わんや」である。筆者も台湾に伺うこともあるが、最近は以前にも増して親日的になっており、彼らを呼んでホームステイさせたこともある。

今後、過疎地域であっても対応の仕方によっては注目されることもある。そこで今後はこの農家民宿が有望な地域活性化の対応策になるのではないだろうかと、思えてならない。その他、新潟県の友人である澤野県議会議員は町長時代、地元に以前からあった「狐の嫁入り」というお祭りを再度立ち上げた。その日は住民誰もが顔に狐のメイクをして観光客を呼び込み、新風を呼び起こしている。現在、人がいないということで伝統あるお祭りまで中止になっている地域もあるが、これなどは復活させた結果、活性化に寄与している。

◎第12の提案　首都圏近郊に負けない地方の良さをアピールする

近年、特に地方社会では急激な少子高齢化とともに、過疎化に悩まされている地域が激増しているため、首都圏などから移住者を呼び込もうと四苦八苦している地域も見受けられる。だが、実際にはあまり成果が上がっていない地域があるのが現状だ。それに加え、高齢者が亡くなると家や田畑が利用されず、これがますます地域の衰退に拍車をかけている。そこで一部の市町村では、空き家を無料提供したり、無料の移住体験を提案したり、移住者の呼び込みに果樹のオーナー、貸し農園の無料化や地域に子どもの短期留学などの提案もしている。だが、これも移住にはあまり結びつかず、成果が上がっている地域はごく希である。知人からの情報によると、九州のある町では、農業の跡取りがいないということで、その地域で何年か真面目に農業人として働いてくれたら養子にし、家のほか田畑まで供与して跡取りにするということが実行されているという。空き家や田畑が利用されないよりはよいということのようだが、今後、同様のことが各地で行なわれる可能性があるのではないか、とも思える。

このような現況の中、最近は首都圏に近い「田舎」を、移住先や活動場所として選択する若者が目立ってきたという。自然豊かで都市部に近く、移動しやすい首都圏ならではの特性が魅力となっているらしい。東京の一極集中で、近隣における地元からの人口流出に悩む自治体も、移住を検討する若者に熱い視線を送っている。自治体が設けた窓口などに寄せられる移住相談の件数は、年々増加傾向が続いており、調査すると2017年度は16年度より4万7000件ほど多い約26万件となっている。首都圏近郊の自治体でも、人口減少に悩まされている地域は多々あり、地域活性化の一環として千葉、埼玉、神奈川の各県は、都心の近さや自然の魅力を伝える動画を制作したり、移住体験ツアーを開催したりして呼び込みに力を入れている。

東京近郊でもこのような動きになっているのだから、それ以外の地域では負けずに移住者を引き付ける対案を出してほしいものだ。そして改めて地域全体が危機感を持って、今までやった事がないような斬新なアイデアを提案し、対応するほかないのではないだろうか。

◎第13の提案　移住者と地域住民、双方に得を生むアイデアを出す

ここで少し、移住者を呼び込むアイデアとして異質（？）ながら成功した例を紹介したい。

というのは、筆者は現在も全日本実業団スキー連盟の理事長ほか、全日本マスターズスキー選手権大会に出場しているので、過疎地域のスキー場の衰退や倒産などを目にすることも多い。それらスキー場の関係者から「毎年赤字が増額しているので困っている。今後スキー場

の運営をどうすればいいか。このままでは閉鎖される」と相談されることもしばしばある。そこで筆者は知人のいる、あるスキー場の担当者に、「まず貸してもいいという空き家があったら、移住者を募集してほしい。そしてスキー場の年間パスポートを無料にしたらどうか」と話した。彼は「割引ならいいが無料は無理だよ」と言う。だが、筆者の提案には裏があって、スキー場にも少しだが収入があると話すと、「それならば」と了解を得られた。さっそく、「我が町に移住した人は、地域のスキー場の年間リフト券が無料」と宣伝したところ、首都圏などからの反応がものすごく、即刻移住に大成功した。それに加え、その日のリフト券を見せると地域のガソリンスタンドで割引になったり、街で買い物をするときにも特典を付けたりした。これにも裏があるのだが、地域の川釣りも同じく無料と宣伝したところ、首都圏などの反応が実に多かった。

前述したように、これにはスキー場や漁業組合にも、また地域にも多少なりとも利益になるというシークレットストーリーがあるのだが、都市圏の移住者たちにはそのプラスアルファとして、移住する地域に何を望んでいるのか、受け入れ側はその対応策を詳細に検討し、熟慮しながら提案してほしいのだ。これも体験からだが、提案の内容によって首都圏の移住希望者の反応がまったく変わってくることは間違いないことを知ってほしい。もし、過疎化の市町村から連絡でもあれば、この地元にも利益が還元されるというシークレットストーリーの内容を教えたいと思う。何回も言うようだが、とにかく異質（？）なアイデアと思われても住民が否定せず、まずは行動するしかない。それだけである。

◎第14の提案　地域住民と役所が一体となり移住者の受け入れ体制を整える

以前、ある地域から「移住体験しませんか」との呼びかけで、リタイアした知人が1カ月ほどその地域に滞在した。このときの体験話を聞くと、「実際に移住することを考えたとき、なんとなく気乗りがしなかった」と言う。その理由を聞くと彼は、「地域の住民に移住者を受け入れるという気持ちが感じられなかった。要は、よそ者が来たという感覚で、地域の人たちと親しく話をすることができなかった。自分が一番望んでいたのはそこなのに、それができなかったんだ。移住先の住民が気持ちよく移住者を受け入れてくれなければ、役所が一生懸命になったとしても、この地域への移住は無理だと思う。それに、移住前、その地域の行政が私たちにしていた説明と、短期間だとしても実際に住んで体験してみたものと違うんだもの。それで移住を諦めて引き上げることになったんだ」などと話した。

彼の話を聞いて考えさせられたのは、地域住民にも移住者を気持ちよく受け入れるという

「心構えの準備」が必要なのではないかということだ。そして行政の説明にも偽りはなく、移住者を心から受け入れるという姿勢があってほしい。そうでなければ今後もあまり成功しないのではないかと思う。そこで、移住者を受け入れるという対応をした場合、役所が移住者を受け入れる前に、改めて地域住民と「どのような対応で受け入れるか」を話し合い、受け入れ体制を整えてほしい。そして、まずは地域住民が受け入れ態勢を整え、それから例えば都市圏の住民などには「地域特産のみかんが、りんごが、梨が、さくらんぼが、ぶどうが、スイカが、桃が、美味しくなりました。農泊ができますよ。日本で初めて日本一の白樺林で結婚式ができます(長野県佐久穂町)。地域の住民は心から待っています。連絡をくださいね」などの情報を発信してほしい。このような対応は思いのほか、移住希望者にインパクトを与えるのではないかと思う。その他、「地域にはこんなお祭りがあります。そのときは、地域に無料で民泊できますので来てください」などは、大変なインパクトになると思う。とにかく、人々を引き付けるようなアイデアを日々、地域から発信してほしい。

◎第15の提案　外国の例を参考に日本に当てはめて行動を起こす

1993年3月、カナダのバンクーバーシティの近郊にあるウィスラースキー場で、世界マスターズスキー選手権大会に出場したときの話である。４人乗りのリフトで偶然隣り合わせになって知り合ったジムさんは、「日本人か。ここには何日滞在するんだ。世界マスターズの大会に来たのか。そうか、それなら大会はまだ先だから今夜、自宅の夕食に招待するよ」といきなり言われ、ホテル名を聞かれた。そしてその夜、ホテルまで迎えに来たのでそのお宅に伺った。

ジムさんは日本のことをよく知っていて、「この辺の農家は、日本でいうお中元やお歳暮、プレゼントなどに果実やワインなどを送るが、その際、送り主は必ず家族の写真とともに手紙などを添えているよ」と言う。それだけでなく、「四季折々の地域のお祭りや民泊の宣伝用パンフレットのほか、スキーリフトの割引券なども同封して発送する。実はこの辺も過疎化に悩まされているんだよ。スキー場はあるが農業地帯なので、今の若者たちは街へ出てしまうんだ。そこで地域全体で若者への優遇策などを考え、地元をＰＲしているんだよ、移住しないかって。地域全体でホームステイや安価な民泊を提案したところ、最近はバンクーバーシティなどからも観光客が来るようになった。そんな中、最近、都会より良いと言って、数人だけど若者の移住者も出てきているんだよ」などと話した。彼はドイツからの移民で言葉に訛りがあった。筆者は少しだけドイツ語ができるので思い出しながら、一言単語を並べると、より親しく対応してくれた。

この夜の食事には、日本人を招待するということもあってか、地域行政の担当者であるボブさんもいっしょだった。そして「過疎化には地域全体で行動しているので、少しずつだが若者の移住者も増えている。彼らは牧場で牛を飼うほか、冬はスキー場で働いたり、夏は麦を栽培したりして農業で暮らしている。このような地域が日本にはあるか」などと質問された。ほかにも日本のことをいろいろと聞かれ、この地域での対応策などを話してくれた。思い出すと、そこには日本でも応用できる対応策もあったと思う。

対応策は後ほど記載するが、現在、日本にも放置されている田畑が多々あるので、彼らが実行していることをヒントに、さっそく地域全体で取りかかってみてはいかがだろうか。

◎第16の提案　懇親、交流の場を設け小さな情報にも耳を傾ける

以前、筆者は地域活性化のため、(一財) まちむら交流きこうから、秋田県鳥海町に10日間ほど、首都圏の大学生2人と送り込まれ、さまざまな対応策をレポートしたが、自分自身にもよい体験となった。その町の議員さんである高橋賢一さんは、最近はコメが安価なため、それに代わるものとしてトルコキキョウを栽培したところ、これが大成功したという。一方、

秋田県は日本酒の生産量が多い県だが、最近は地元の日本酒が低迷していると嘆いていた。

ところが、この日本酒について次男が滞在しているオーストラリアでは、最近、急激に日本酒ブームとなっている。値段は日本の数倍にもなる高価格であるにもかかわらず、良く売れているそうだ。ただ、ラベルに何が書いてあるのか現地の人にはまったくわからないので次男に聞いてくるらしいが、彼も理解できない文字もあるという。「日本のアニメなどのラベルがあってもいいのではないか」と言っているので、輸出する際はぜひ参考にしてほしい。今後も日本酒の輸出増加は間違いなく伸びるだろう。2017年の輸出額は545億円で、前年の26・8％増と、農産物の中では1位となっている。

そのほか、隣接している羽後町の「道の駅」の落成式にも呼ばれたので、参考になる対策などを講演した。福島県南郷村の馬場隆さんは、筆者の情報からトマト栽培にピンクのビニールハウスを建てて収穫をアップさせた。このピンクのビニールは、特にホウレンソウなど葉物野菜の栽培に非常に有効だということで、岩手県の安比地域でも急速に拡大している。以前から東北各県の講演で、このピンクのビニールの話をしていたのだが、先日、福島県猪苗代町に伺ったところ、議員さんで知人の「みなとや」さんから、「猪苗代町でもピンクのビニールハウスが徐々に増えてきたよ。収穫が増えてるみたい」と話していた。

このように、都会人と地方人とが互いに顔の見える、そして双方が懇談できるようなお付き合いをすることによって、活性化のさまざまなアイデアが生まれてくるのではないかと思う。ある講演先の地域では、「いくら言っても行政は『検討します』と言うだけで動かない。どうすればいいですか」と質問されたことがあるが、この答えにはなんとなく困惑するしかない。これからの時代、過疎地域であるほど行政が先頭に立って住民を巻き込みながら行動する、その取り組みこそが「地域活性化の原点」になるのではないだろうか。

◎第17の提案　移住者をよそ者扱いしなければ過疎地域にも自ずと人は集まる

人口減少に歯止めがかからず、ようやく日本の政府も危機感を持ち、過疎地域の人口減少にストップをかけようとさまざまな対応策などを提案し、地方行政に幾度となく通達などを出している。だが、その相手先の市町村がまったく動こうとしないため、後輩の官僚たちは「もう諦めているのか、危機感がないのか、言い訳ばかりしてくる。なんとかならないものですかね」などと愚痴をこぼしている。それでも、中にはさまざまな対応策で人口減少にストップをかけ、人口増加に結びつけている地域もあることを知ってほしい。

成功した地域ではまず、その過疎地域の行政が絶対的な危機感を持っていることは間違いない。そして住民を巻き込み、官民一体となって取り組んだ結果だということを忘れないでほしい。第18の提案にも記すが、特に過疎に危機感を持っているのは離島が多いという。移住が大幅に増加している1位から10位までの9つの自治体は、この離島である。それほど住民たちが危機感を持って、さまざまなアイデアなどを駆使しながら取り組んだ結果が、移住者を呼び込んでいる。これらの成功例も他の過疎地域の行政は即刻、情報収集し、諦めずに対応してほしいと思う。

ある民間の調査機関によると、２０１６年度時点で、過疎地域と指定された市町村のうち12％弱、93の地域が10年から15年までの5年間で、転入者が転出者を上回るという「人口増」（高齢者を除く）を達成していたことが分かり、この実態が過疎地域の市町村に大きなインパクトを与えた。これらの地域には、一部の過疎地域の行政が対応策を調査するために視察団まで派遣している。実際、知人のいる行政の担当者は調査のため島根県海士町を訪れている。ただし、行政がその後、即刻対応しているのかというと、そうでもないらしい。

成功した地域では、豊かな自然に加えて、子育てへのサポートが手厚く、近所付き合いや互いの食料の差し入れなどもあり、移住者をよそ者扱いしていないのが特徴だ。受け入れる自治体と住民が仕事を含めて積極的な移住促進のさまざまな対応策などに取り組んだ結果、都会の若者が子育ての生活環境を求めて移住するケースが増加している。移住者が増えたことで地域の雰囲気が明るくなったという話も耳にする。繰り返しになるが、このように移住者をよそ者扱いしないということが、大きなカギになることは間違いないだろう。

◎第18の提案　移住促進対策のアイデアをひねり出し地域全体で熱心に取り組む

離島における人口増加の実態を分析したのは、島根県益田市にある「持続可能な地域社会総合研究所」である。藤山浩所長は、「山村や離島など地理的に条件が厳しくても、移住促進対策に関するアイデアがあり、それを地域全体で熱心に取り組むことで人口を増やしている例もある。過疎地域でも住民たちが『このままでは地域は消滅するのは間違いない。何かしなければ』という危機感を持って、官民が一体となって取り組む姿勢があれば、必ず解決の糸口はみつかるはず」とコメントする。

藤山氏らは今回の調査の分析で、10年の国税調査で0～64歳と、15年の国税調査で5～69歳の人口を比較し、一定の補正をして転入者と転出者の差を示す人口の増減を算出した。その結果、増加率の最高は鹿児島県十島村の28％弱だった。人口減少に危機感を持った村では子どもがいる家族が移住してきた場合、1家族に1カ月1万円を5年間支給するとした結果、

09年に582人まで減った人口が700人を超えた。また、0〜4歳児は10年の9倍ほど増加し44人となったため、保育施設も完備された。そして成功し始めた結果、地域住民も改めて対応策を検討し、地域全体が一体となって手厚い就農支援をした結果、若者の移住者も増加した。2位は新潟県粟島浦村の17％強で、新しい風を入れるということを前提に、役場職員を島以外から採用し、対応策を模索・検討している。そして3位は同率で沖縄県与那国町、4位は同県渡名喜村、5位は島根県海士町などで、上位10地域の自治体のうち、9カ所の地域は離島だったのにも驚く。それほど住民たちが「地域が消滅する」という危機感を持って、必死で取り組んでいるという証拠なのだ。

この姿勢は地域の住民全体が、〝移住してもらう〟という姿勢を掲げて熱心に取り組んでいる結果であり、その移住者には温かいおもてなしがあり、これが口コミで再度移住を呼び込んでいる。何度も言うようだが、とにかく諦めず、地域住民が一体となって取り組み、受け入れ態勢を整えれば、移住者を呼び込むことができるということを知ってほしい。

このように、過疎地域の住民たちが心底から危機感を持ち、そして諦めずに行動したからこそ人口増加につながったのだ。現在の人口減少に政府は、移住者ではないと言っているが外国人に頼ろうと、対応策を始めている。が、これには地域によっては住民の反発も出ている。そこで地方行政は住民と、できれば都会の人たちをも巻き込みながら、いっしょになってアイデアを模索しながら行動してほしいのだ。とにかく地域消滅を目前にしている今、地域住民が諦めずに行動すれば、必ずや成果は出るのでは、と思えてならない。この先も過疎地域に指定されている地域であっても、消滅しないことを祈りたい。

◎第19の提案　「ふるさと回帰フェア」などを利用し、仕事の受け入れ体制が整っていることをアピールする

17年9月に東京・有楽町で行なわれた「ふるさと回帰フェア」には、なんと350ほどの自治体がブースを開設し、約2万人が訪れ、移住などの説明を聞いたという。働く世代の地方移住には、その地域で働ける仕事があるかどうか、それを見つけることが前提になる。和歌山県では、「継業」(けいぎょう＝事業、生業、あるいはその経営基盤を引き継ぐこと。特に親族や従業員といった一般的な継続者候補ではなく、接点のない第三者に引き継ぐこと)を前提に、移住者の誘致を呼び込んでいる。

同県は2017年度から「わかやま移住者継業支援プロジェクト」をスタートさせ、県内の中小企業の約3800社のうち、後継者不足に悩む100件ほどの企業をリストアップし、

この9月に東京で開催されたイベントでこれらを紹介した結果、「継業に関心がある人が多かった」（同県移住定住推進課）と言い、その後、進行中の案件も何件かあるという。

また、広島県では14年度に「ひろしま暮らしサポートセンター」を開設。東京など大都市からの移住希望・相談者の半分が30歳以下で、特に「地方には仕事がないのでは」との声が多かったため、受け皿を立ち上げ情報を発信している。16年度から移住希望者に自分の持つスキルなどを登録してもらい、広島経済同友会会員の会社のうち約120社とマッチングする仕組みを構築した。「県でも県庁職員が県内の企業を訪問し、経営者の声を生で伝える試みを始めている」（県地域力創造課）と言う。このような対応策からこの3年間で約70世帯が移住し、転職したという。対応の仕方によってはこのような結果も出ているという好例である。

NPO法人「ふるさと回帰センター」によると、「最近の移住相談者の7割ほどは20～40歳代で、移住には地域の仕事に関心がある。各自治体もセンターに窓口を設けることを前提として、仕事を紹介する仕組みをつくってもらっている」とコメントする。そこで引き受ける地域に、しっかりとした仕事の受け入れ体制があれば若者たちは納得し、間違いなく移住するものと思われる。この辺を十分に考慮しながら対応してほしいものである。

◎第20の提案　外国人労働者を受け入れるときは多文化共生社会をしっかりと構築する

先般、外国人の単純労働者の受け入れ拡大に向け、新たな在留資格を創設する改正出入国管理法が可決、成立した。経済成長の阻害になっている人手不足に対応するのが狙いであるが、現在も、すでに日本では5年間働ける人や留学生を入れると、127万9000人も在留していることになる。大学教授や研究者などのハイクラスを入れると、258万人弱となる。19年度に4万人弱を受け入れるともいわれるが、この単純労働分野での就労を認めると、高度な専門人材に限っていた従来の受け入れから転換し、19年4月からの運用を目指している。

この対応に対し、筆者はさまざまな地域の講演先で「外国人労働者に賛成か反対か」を質問すると、戸惑いながらも20〜30歳代は50％弱が賛成だが、70歳以上になると反対が多い。

政府は外国人の受け入れ対象として農業、漁業、飲食料品製造業、外食、介護、ビルクリーニング、素形材産業、産業機械製造業、電気・電子情報関連産業、建設、造船・船舶工業、自動車整備、航空、宿泊の14業種をターゲットにしている。だが、現在外国人が住んでいる地域でも、半数は「彼らとの交流はまったくない」と話し、日々のゴミ出しなどでトラブルをあげる人が多かった。このように、今まで日本の社会では考えられなかったマナーのあり方に、戸惑いの様子が浮き彫りになっている。しかし、少子高齢化を背景に人手不足が進む中、この外国人の受け入れに地域社会や働く場はどう変わっていくのだろうか。期待や不安などさまざまな受け止め方が浮上する。政府は「即戦力となる外国人を受け入れ、活躍してもらう」と新制度導入の意義を強調した。この動きに真っ先に手を挙げた地域の一つに、広島県安芸高田市がある。市長の浜田一義氏は「人手が少なく、今や外国人は地域にとって欠かせない労働力だ。受け入れの拡大には大賛成」とマスコミなどに話し、期待を寄せている。

２００４年に旧６町村が合併して誕生した同市の人口は当時、約３万６０００人だったが、現在は約２万９０００人まで激減した。「何もしなければ、この町を支える人がいなくなる」と、危機感を抱いた浜田市長は、10年に「人権多文化共生推進課」を新設し、外国人に対する相談員や通訳を配置するなど、彼らが住みやすい環境を整えてきた。18年３月に作成した第２次「多文化共生推進プラン」で、移住や定住を新たに市の柱に掲げた結果、外国人の居住者は現在約６９０人と、30年前と比較し約４倍に増加している。市の方針に「治安が悪くなる」などの不安の声も寄せられているというが、市長は「対話するなどの機会を設け、生活習慣など理解を深められるようにしたい」とコメントする。

埼玉県川口市のある団地では、外国人が全体の６割ほどになり、ゴミ出しや立ちションン、タバコの投げ捨てなど、住民との間でトラブルが多いという。それを市長が言うような「話し合いで解決するのか」という不安もあることは当然のことと思われる。やはり、このような体験からも、過疎地域ほど外国人を呼び込むという対応をする地域はないに等しいだろう。しかし、日本の人口減少にストップがかからない現況を考えると、先々このような地域が出てくるのではないか。現在の時代背景を考えると、多文化共生社会の構築に、今から外国人への対応策をしっかりと熟慮し、取り組んでほしい。

◎第21の提案　廃校を新しい文化の創造や発信の場として利用する

ここで改めて廃校のことを考えてみたい。というのは、近年少子化に伴って全国で年間約500校の公立学校が廃校となり、その校舎の活用が課題となっているからだ。文部科学省などは、2018年に初めて自治体や企業に各地の活用例を紹介する「廃校サミット」を実施した。今後、この廃校はどう生まれ変わっていくのか、注目される。

最近は都内でも地域によっては人口減少が甚だしく、廃校が取りざたされているが、新宿区立四谷第五小学校は1995年に廃校になったため、どう利用するか関心を集めていた。そこで区はさまざまに検討した結果、歓楽街の歌舞伎町を新しい文化の創造や発信の場にしようと、お笑い芸人を排出してきた大阪の吉本興業に提案し、東京オフィスとして貸し出すことにした。最初10年間の契約だったが、2017年、再度5年間延長した。校舎は3階建て、教室のドアや廊下との仕切りを取り払い各部署が在籍、開放的な雰囲気で当時の面影も感じられる事務所だ。現在、関連会社を含め、なんと600人ほどが働き、芸人の稽古や打ち合わせの場所としても使われている。また1階には社員食堂があり、広い体育館は席を固定しない「フリーアドレス」を採用し、社員のミーティングや芸能人の記者会見場にも使用されている。そのほか中庭を解放して夏祭りを開いたり、畑をつくって地域の子どもたちを招いてイチゴ狩りを行なったりと、地元の住民との交流にも取り組んでいる。廃校はまだまだ多くなることは間違いなく、地方でも放置されている校舎が多い。それを今後、どう利用するのか対応が熟慮される。

文部科学省は「市町村だけでは廃校物件のPRは難しく、限られたネットワークの中で、活用先を探している」として、利用者を募集している廃校の情報を同省のホームページに掲載するなど支援に乗り出している。2018年8月に東京で「廃校サミット」を開催したところ、全国の自治体や企業から述べ750人ほどが参加している。

このサミットでは、文科省の浅野敦行・施設助成課長が「廃校は地域の終わりではなく始まりにしたい。公共施設という枠組みにとらわれず、地域振興の関係部局が中心となって、経済効果を生むような活用方法を検討してほしい」と、参加者に呼びかけた。

その成功事例の1つとして、年間約18万人が訪れる観光施設として生まれ変わった廃校がある。淡路島の旧淡路市立野島小学校で、12年にオープンした「のじまスコーラ」だ。

市内で新規就農希望者を育成するチャレンジファームを展開している人材派遣会社（東京都千代田区）が運営し、1階は淡路島の食材を使ったベーカリーやカフェ、野菜の加工所や直売所があり、2階はイタリアンレストラン、3階はバーベキューテラスがある。また、校庭ではヤギやアルパカなどを飼育し、子ども連れに大人気だ。目の前には海が広がり、夕暮れ時には感動する景色が楽しめるほか、地元住民を対象とした料理教室も好評という。同社の担当者は「地域にゆかりのない若者が廃校を拠点に地域活性化に取り組むのは全国でも珍しいと思う。生産から加工、販売のほか流通までを担う第6次産業のモデルを確立し、日本農業が抱える課題を解決するモデルケースになれば」と抱負を語っている。

Part 2
後継者問題と嫁さん不足の解消法

1　地域の活性化は後継者と嫁さん不足の解消から

前項でも述べたが、日本では過疎地域に指定されている自治体が年々増加している。過疎地域に指定されるとなぜか途端に諦め、より活性化に対応しなくなる地域も多い。

現に、人口減少が政府の予想よりも遥かに超えており、少子化に伴って学校閉鎖をも呼び起こしている。特にこの学校閉鎖が過疎地域の住民には大変な衝撃になっており、廃校によって若者たちもいなくなるため、地域の活性化を諦めざるを得ない市町村も多々浮上しているのが実態ともいわれる。また、その他の主因の1つには、なんといっても農業や漁業、中小企業の後継者と嫁さん不足が考えられる。最近は新しく設立される企業よりも、後継者がいないために存続を諦める企業が多く浮上している。そこで今後の地域活性化を70～80年代のように勃興させるには、何らかの対応策が絶対条件であることは間違いない。だが、それにまったく対応していない地域が多いのも事実である。

以前、イタリア人で在日特派員をしているピオさんとドイツのアウレリアンさんから、自国で成功しているアイデアや後継者づくりの対応策を聞いたことがある。アウレリアンさんは、「過疎の地域ほど都市の住民と親身になって本気で交流できるような、日本にある『親戚付き合い』のような対応策をとるべきだと思っている。ドイツのある過疎地域では、ファームステイや、子どもたちの交流、農業後継者や婚活などの情報を、住民たちが必死で集めて発信し取り組んだ結果、都会から動物好きの女性移住者まで現われ、成果を上げている」と話していた。このようなアイデアなどは日本でも即対応できるし、また費用もかからない。過疎地域ほど参考になることは間違いなく、行政と住民が本気になれば、すぐにでも実行できるのではないだろうか。これらのアイデアなども念頭におきながら官民が話し合い、即刻、成功するまで取り組んでほしいと思う。それが1つの地域活性化のポイントにもなるのではと考える。

2　移住希望者を募り、将来的に跡取りにする

ある講演先で役人から聞いた話だが、「過疎となった地方の職業といえば、農業のほかには市町村役所と農協、あとは近隣都市への会社勤務です。その企業も海外に出て行ったりしているので、この地域はますます人口減少に拍車がかかっています」と言うのだ。実際、現

実の日本は農業従事者の高齢化が急速に進み、またリタイアする人や後継者のいない人も多く、その結果、田畑の遊休地が増大し、現在利用されていない田畑は1つの県にも相当するという。それに加え、近年は深刻なお嫁さん不足で、危機的状況も到来している。福島県の農家の知人は「跡取りがいないので自分の代で終わりだよ。あと何年ここで農業ができるかわかんないね」などと話すので、「お父さんがいなくなったら家や田畑はどうするのですか」と聞いたが明確な返事はなく、右往左往していたことを思い出す。

そこで提案だが、行政はまずマスコミやインターネットなどを使って移住希望者に地域の魅力ある優遇策などを提案してはどうか。そこで農業に従事してもいいという人などを募集し、その応募者には地域で3～5年間、地域の農業にしっかりと携わってもらう。そして真面目に働き、その仕事に向いていると思われる人を後継者のいない人に紹介し、互いに了解が得られたら養子になってもらう、というアイデアはいかがだろうか。イタリアやオランダでは、この方法がすこぶるうまく軌道に乗っているそうだ。現在の日本では、農業の後継者不足が深刻なのに、その対応に本気で取り組んでいる地域はまったくもって少なく感じるほか、もう諦めているのではないかと思える地域も数多い。そこで、先々田畑を差し上げるから、跡取りとして家を守ってほしいと率直に申し入れるのである。トマト栽培で有名となっている福島県の元南郷村（現在は合併して南会津町）では、若者が「トマト栽培したいので働くところはないか」などと、年間に何人も町役場を訪ねて来るという。

ここでちょっと余談になるかもしれないが、最近は各地で非常に気になることがある。というのは、過疎地域では議員さんに立候補する人材が少なく、3年前の統一地方選挙では、定数に占める無投票当選者の割合は町村で21・8％、市でも3・6％にのぼった。そのような傾向は現在も続いており、このような実態は今後、過疎地域でますます増加することは間違いないと思う。この現実を政府はどう考え、どう対応するのか、気になるところである。

3　官民が諦めていたのでは何も始まらない！

地方講演に伺うと、大抵の地域で「農業は自分の代でもう終わりだよ。跡取りもいないし」などと話す人が多い。現に農業の跡取りがいないという人が実に多く、「この先、田畑や家屋敷はどうするのですか」と聞くと、「さ〜」などと、先行き対応するなどの返事がない。

前述したイタリアなどの例は、即日本でも実行できるような対応策である。そこでこのアイデアを行政と住民がいっしょになって、その地域に合うようにアレンジしながら対応策を考え、実行してはいかがだろうか。九州の一部では実行し始めている。

筆者は地域創生のコンサルなどをしているので、どんな遠方でも各地域（主に東日本だが）を車で回りながら、畑仕事などをしている地元の人たちがいれば道端で立ち話することも多い。そのとき、いつも気づくのだが、例えば、「行政は、地域活性化のために地元の企業や農業・漁業の後継者をつくっています、育てています」と言うので、「その対応策はどんなことですか。何か具体的なアイデアなどはあるのですか。どんな成果を上げていますか」などと具体的に質問すると、大抵、地域の住民は「具体的な対応策はほとんどないと思いますよ。だって、聞いたことがないですもの」などと話す。

つまり、大抵の場合、表面的な話で具体策はないのである。また、人口減少に伴い学校閉鎖が行なわれると、途端に住民の意欲まで消滅し、子どものいる若い家族などは即刻、地域から出て行くという。これがますます人口の減少につながっている。それに加え、周辺地域には大型店舗の進出で、既存の商店街はシャッター通りになっているのが実に多いのも最近の実態だ。そこで行政の役人に「地域衰退にストップをかけるにはどう対応しているのですか。活性化するグッドアイデアなどはありますか。住民といっしょに取り組んでいますか」

などと質問するのだが、大抵は返事が曖昧だし、最近は逆に質問されることの方が多い。そこで他地域での成功例などを話しても、「うちの地域では無理ですね。高齢者ばかりで人がいないですもの」などと、そっくり他の地域で、いつも聞いているような返事が返ってくる。

半年ほど前、講演した地域から再度連絡があったので「その後、私が話したアイデアで何か取りかかっていることはありますか」と聞くと、「まだ検討中で話し合いの最中です。また来てほしいので連絡しました」との返事だけで、全く対応をしていなかった。そこで「今回は伺いますが、今後は対応している間に困ったことがあったときに連絡してください」と話した。

4　この先、間違いなく消滅する地域は出る

近年、日本の人口減少は思いのほか急加速している。現在の人口減少の実態などは間違いなく〝喫緊の課題〟なのに、地域の行政はただ右往左往しているだけか、「こんな時代だから、少子高齢化で人がいないからしょうがないよ」などと諦めているだけだ。

その人口減少問題について、岩手県知事後に総務大臣を務め、2011年からは日本創成会議の座長をした増田寛也氏によると、現在1700強ある市町村のうち、2040年までに900ほどの市町村が消滅すると指摘している。だが、近況ではそのうちの約12％が行政や住民のアイデアなどで奮起し、人口増加に転じている地域もあることを知ってほしい。このような地域は特に住民の危機感から行政に働きかけ、住民たちが日々一体となって危機感を持って諦めず、さまざまな対応策に取り組んでいるからで、わずかながらでも成果が出ている地域も浮上している。また、異質と思われるアイデアであっても官民双方が日々懇談し、そしてその都度、改めて検討しながら、危機的実態に対して一体となってその対応策に取り組んでいる地域ほど成果を上げていることが浮き彫りになっている。

これも先日、講演で伺った某県のある地域では、以前8000人以上住んでいた地域住民が、現在では2000人弱になっており、この地域の知人は、「とにかく役場がまったく動かないんだよ。最近、地域からは出て行く人ばかりが多く、嫁さんも来ないし、子どももいない。数年前、学校も閉鎖されたところ、ますます人口が減り続けていて、現在の住民は高齢者ばかりなんだ。最近は各地域の部落で空き家が多くなっているから、役所は都会などから移住を呼び込むことを考えてほしいのだが何もしないんだ。このままではこの町はあと20

〜30年で消えると思う。間違いないよ。対応しない役所は大きな障害でしかないよ。動かないんだもの」と痛烈に批判しながら話していたことを思い出す。

過疎の行政なども「地域の活性化に対する取り組みをしている」と話す地域もあるが、住民に話を聞くと「対応が無策で、行動している様子はなく、住民にも知らされていないし、まったく沈黙している感じだね」などとのコメントもあった。

そこで思い出すのは講演時、他地域の成功例などを具体的に話してみても、まったくもって反応が鈍かったことだ。この先、この地域はどうやって模索・対応し、立ち直り、生き残ろうとするのだろうか。大抵の各地もこのような対応が多く、心配は尽きない。

5　女性たちの本音トーク

先般、首都圏のある地域で婚活の女性セミナーがあり、講師として呼ばれたので伺った。その講演の中で、日本の人口減少や結婚難、特に首都圏の女性の結婚しない症候群などの話にもなった。また、「相手が見つからない」との話から、特に首都圏の女性たちは、「結婚しても子どもはいらない」などという話にもなった。セミナーが終わった後、レストランでの夕食時に彼女らとざっくばらんに懇談してみた。

そこで筆者は、「地方における結婚難は実に深刻で、消滅するのではないかという地域もあるのだが、あなたたちの中に、地方にお嫁に行ってもいいという人はいないかね」などと話したところ、女性たちからこんな、意外（？）な返事が返ってきたので少し驚愕した。彼女らがどんな話しをしたのか、その話をかいつまんでまとめてみると、次のようになる。これらのコメントの中には、過疎地域にとって重要なヒントになるかも知れないという思いもあり、以下に記述したいと思う。少しでも参考になれば幸いである。

記

「私は地方にお嫁に行ってもいいと思っているけれど、そんな婚活の情報がないのでチャンスがない。できたら要望している地域から婚活ネットを立ち上げてほしい。私は動物が好きだけど、現在住んでいるマンションでは飼うことができないので、もし地方にお嫁に行ったら、すぐにでも犬を飼いたい」

「もしも地方の農家などでファームステイができるのなら、すぐにでも出かけてみたい。もし違った地域に移住したら、イチゴか花を栽培してみたい。絶対に楽しいと思う、口うるさくない地域ならばね。あとは、その地方の自慢の料理などを教えてもらえるようなら嬉しいと思う。どこかにそんな地域はないかしら」

「もし、そんな田舎があったら私も行きたい。農家への宿泊やその地域の料理など、すごく刺激的だと思う。その地域の料理などを教えてくれて、いっしょに食べてくれたら楽しいと思うし、ぜひ行ってみたいわ。ただ、ちょっと気になるのは、お風呂やトイレがどうなっているか、かな」

「もし、そういう旅行があったら本当に行きたいと思う。だってその地域の人たちと交流できるし、普段、食べたことがない料理もあるでしょうから、きっと楽しいと思う。今日帰ったら、婚活のような、そんな対応をしている地域がないか、ネットで検索してみようかな。あったら絶対に行きたい」

「本当にどこかにないかしら。あればその地方に出かけて行って、その地域の食堂ではなく、家庭で食事をしてみたい。そこでもし家庭料理教室のようなものがあって、つくった料理をいっしょに食べる企画があれば即刻、参加したい。そんな旅行、どこかにないかしら」

「最近は地方のどこへ行ってもラーメンと餃子とか、そばとうどんとかでがっかりすることが多い。だって料理にその地域の特徴が感じられないから。この間、福島県会津若松市に行って、友達の家で『ひやじる』という郷土料理をいっしょに食べたけど、本当に美味しかった。またぜひ行きたい」

「私も首都圏より田舎の方にお嫁に行ってもいいと思っている。だけど、普段の生活で買い物や子どもの学校、病院などは近くにあるかしら。その辺がちょっと心配。数年前にスキーの好きな友達が、雪国の過疎地へ嫁いだけど、小学校の閉鎖で大変だと言っていた。やっぱり、その辺が心配」

「自分には静かな田舎の方が合っていると思う。騒がしい東京の生活はもう十分かな。トマトなどの野菜の栽培や、動物が好きだから家畜の世話などができたら楽しいと思う。どこかにすてきな旦那さん、いないかな」

「福島県へ嫁いだ友達の話だけど、農家に嫁ぐといっても、今の農作業はハウス栽培なので、昔みたいに重労働などではないって言っていた。ただ、今小学校の閉鎖話があるので、これが一番気になるって。私も地方ではこれが一番の問題だと思う」

「私も動物が好きだから、もしお嫁に行くとしたら牧場をしている農家の人のところへ行きたいな。いつも地方などに講演に行っている先生、そういう人、知りませんか？　もし、思いつく人がいたらすぐにでも紹介してください。そういう人がいたら、どこへでもすぐに飛んで行きます！」

「私も東京よりも地方へ嫁ぎたい。ただ、やっぱりキッチンやお風呂、トイレがどうなっているか気になる。トイレは水洗ですか？　田舎に嫁いだ友達は、今でも水洗でないところもあるって言っていたから、その辺がとても気になる。それを確認して、大丈夫なら行ってもいいかな」

「私も首都圏よりも地方の静かで落ち着いたところが好き。そんな地域で花を栽培してみたい。チャンスがあればお嫁に行きたいと思うけれど、田舎の人たちは、よそ者に口うるさいと聞いている。今でもそうなのか、興味本位からだとは思うけれど、その辺が少し気になる」

「私が一番気になるのは、子どもの学校のこと。ときどき、どこそこの町の学校が閉鎖になったというニュースが新聞に載っているので、それが一番気になる。だから、お嫁に行くとしたらその辺も聞いておかなくては。友達は地域の小学校が閉鎖になって、ものすごく困っていたから」

「私も地方へお嫁に行ってもいいと思っている。ただし、その地域にコンビニやスーパーなどがあることが条件。長野県へ嫁いだ友達は、買い物は車で行かないといけないので本当に不便だと言っていた。そんなこともあるので、その辺もきちんと調べたいと思う」

「学校の廃校が多いと聞くので、子どもの教育のためにもそのあたりをちゃんと聞いておきたい。それと買い物の利便性はどうか。あとは病院なども気になる。相手の両親が高齢になったとき、対応してくれるかどうか。嫁ぐならそれも絶対に気になると思う」

「私は嫁いだ先のお母さんとうまくいくかどうか、それが一番気になる。山形県のある町へ嫁いた友達は、お母さんとうまくいかなくなったので、それが原因で子どもが2人いるのに別れてしまった。そんなことはどこでもある話だと思うけど、知らない土地では気晴らしもできないし、それが少し心配」

「新潟へ嫁いだ友達に話を聞くと、慣れるまでは冬が大変だったって。大雪のときは、車庫から車を出すまでの道路づけなどで30分かかることがあると言っていた。彼女の住んでいる地域はスーパーまで車で行かなければならないので、大雪のときは買い物が本当に大変だって」

「私はスキーやボードが好きなので、夏はハウスなどで農業をして、冬はスキー場でインストラクターをしたい。もしこれに当てはまる人がいたら、すぐにでも行きたい。先生は今もスキーの世界マスターズ選手だから、そういう人、知っていたら紹介してください。だって今までに13組もくっつけたと聞いていますよ」

「私が今いる東京のオフィスは誹謗・中傷が多くて困っている。だれだれが何をしたとか、どうして結婚しないのかとか、結婚して5年経っても子どもがいないとか、陰でコソコソ。特に女性同士が集まるとそんな話になってうんざりすることが多い。田舎ならそういうことがないような気がするけど、どうなのかな」

「私は果物の栽培をしている人がいいな。果樹園なんかいいな。リンゴ、モモ、さくらんぼ、ミカン、なんでもいい。そういうところで旦那さんといっしょに仕事するのが私の夢」

などと、まあ賑やかなこと。話し出したら止まらない女性たちであったが、こんな本音の反応があり、実に楽しい懇談となった。実際、「私は田舎に嫁いでもいいと思っている。田舎の、静かな里山のようなところで農業をしてみたい」などと言う女性たち。未知の田舎へ嫁ぐことへの心配事はあるにしても、案外、違和感や抵抗感などはないように思われた。彼女たちは「出会いのチャンスがないだけ」と話していたが、これも本当なのではないだろうか。このあたりにも過疎地域の行政は着目して、インターネットなどでアピールしてはいかがだろうか。

6　過疎地でも普及する水洗トイレ

地方へ嫁ぐことを、女性たちはそれほど違和感もなく、心配もしていないようだが、学校閉鎖や家庭のキッチン、そしてトイレなどを非常に気にしていた。そこで筆者の知っている情報として、「現在は田舎といっても大抵トイレは水洗だし、風呂は君たちが住んでいるアパートのものより大きいし、ゆったりと入れるぞ。それになんといっても大自然があるのでゴミゴミしてないし、食べ物は常に新鮮で美味しい。確かに今後は学校の閉鎖もあるかも知れないので、その辺を確かめておかないと心配だけど、子育ては東京よりは絶対にいいと思う。実際、秋田県などは日本一の教育県じゃないか」などと話した。

地方へ嫁ぐという話だが、実際に千葉県松戸市の女性が一昨年、福島県の奥会津と呼ばれる昭和村というところへ嫁いで行った。地域は山岳部に位置する過疎の村。湿原や渓谷など自然豊かな地域だが、スーパーやコンビニはない。主要産業は農業で、稲作のほか、標高400～750メートルの地域では、昼夜の寒暖差を生かしたカスミソウの栽培が盛んだ。現在の人口は約1300人で、1955年には4810人をピークに減少が続いており、高齢化率は55％と、この20年間で20ポイントほど上昇した。そして死亡率が出生数を大幅に上回る状態が続いており、2030年には1000人を下回るのではないかと予想されている。そのような地域に嫁いだ彼女は、「近所の人たちは親切で良くしてくれるし、新鮮で美味しい野菜が毎日食べられる。住んでみてさらに地域を気に入った」と話していたという。その彼女だが、読売新聞の一面全部に笑顔の彼女の写真が大きく掲載されていた。

そのほか、この地域には植物を素材にバッグや着物などを仕立てる伝統的な「からむし織」というものがあるのだが、これが実に高価格なのだ。その作り方を習いに来る若い女性もいて（現在は24期生で3人）、これまでの体験生113人のうち、30人ほどが村で暮らし続けている。札幌市出身で01年に来村した織姫、五十嵐さんは村の男性と結婚し、5人の子供をもうけた。習得するまでの滞在期間は長い人で数年というので、その間に地元の若者と結婚する人が何人もいる。加えて、現在「首都圏の女性を地方のお嫁さんに」というブライダル組織にも参加しているので、女性たちとの会合があれば、「田舎に嫁ぎたい人は教えてよ」

と話している。余談だが、筆者は現在まで、スキー仲間の若者を中心に13組の紹介を引き受け、まとめている。

7 対応によっては移住者を呼び込める

長野県といえば首都圏からの移住者が多い県である。だが、その中で飯山市は人口の減少が著しいこともあり、東京のNPO法人と提携し、市外から飯山市への定住に至るまでのサポートを目的とした「飯山市ふるさと回帰支援センター」を開設し、最近は首都圏などからの移住に力を入れている。そして市役所では平成18年には「いいやま住んでみません課」を立ち上げ、移住・定住に関するワンストップサービスも開始している。

ほかにも、都市住民向けの「田舎暮らし実践セミナー」などを開催し、「飯山まなび塾」、「百姓塾」、「長期滞在～素泊まりでの田舎体験」など、田舎暮らしのメニューなども提供し始めている。さらに、IターンやUターン者に財政的な補助を行なう「飯山市内定住・回帰支援住宅建設促進事業」の創設など、さまざまなきめ細かい移住・定住促進事業を推進し、少しずつではあるが成果が上がり始めている。

また、異端（？）なものとしては、関西から宮城県丸森町に移住した若者が、赤色パンツの専門店を起業した事例も紹介しておきたい。「なぜ東北の過疎の町で、なぜ赤パン？」というような記事が、朝日新聞の夕刊に掲載された。報道によると、この仕掛け人は26歳の若者で、京都出身の高野真一さんと大阪出身の豊田拓也さんの2人だ。いつか企業をと考えていた高野さん。幼なじみの豊田さんと昨年、フェイスブックで再会し、思いつく夢を語り合うようになる。高野さんはビジネスの勉強にと、土日は下着ショップでアルバイトをしていた。夏のある日、ひらめいた。「お年寄りへの贈り物に赤いパンツが人気だ。カッコいい赤パンなら、幅広い層に売れるのではないか」と。そのころ知ったのが、丸森町の起業家の募集である。町で会社を起こして雇用を生み、自分らしい生き方を追求する。そんな希望者を、地域おこし協力隊に3年間委託して、月約20万円を支給、さまざまな支援をするという。このような記事が、赤パンを広げた本人とともに掲載されていた。若者も即反応し、それに対して町も即刻対応した結果、この若者の移住にこぎつけた。反応は上々という。今後、この20歳代という若者は、町にとってすこぶる貴重な人材になることは言うまでもない。

そのほか、新潟県見附市では、筑波大学との調査で「身体を動かす街づくり」を展開。一日の歩数が2000歩で寝たきりを、5000歩で認知症を、7000歩でがんや動脈硬化を予防できるという大学の研究から、人々に運動習慣を促すと同時に、病気にならない、自然に歩かされるような街づくりを展開している。また、暮らしの中で自然に歩かされるような街づくりを進め、健康施設、道の駅、銭湯などの住民が街に出たいと思えるような、さまざまな「たまり場」を町の中心部につくり、一日200円で乗り放題のバスでつないだ。これらの対応で見附市は17年、第1回コンパクトシティ大賞の最高賞を受賞し、住民も活気づいている。これらも地域全体で危機感を持って行動したからにほかならない。

8 新しい街でも人口減少が始まっている

戦後にできた新しい街でも、地域によっては高齢化と人口減少が始まることは必至だ。そうなる前に官民一体となって事にあたらなければならない。

千葉県印西市は40数年前に新しくつくられた街で、千葉ニュータウンの中心にあって、東京・浅草まで、また成田空港まで乗り換えなしで約30数分、羽田空港まで同じく1時間ほどで行ける、非常に便利な地域といわれる。中心部には新しく大型のショッピングセンターや、日本医科大学、東京電機大学などの呼び込みもあり、毎年人口が増加し、以前には3万人以下だった人口が２０１８年は10万人を突破した。マスメディアなどでは「7年間、日本一住みやすい市」などと紹介された。隣接する白井市は、より東京に近く高齢者の買い物を週2回、それも地域の住民がサポートしているほか、さまざまなクラブなどが70ほどあり、これなども好評だ。エリアごとに高齢者の食事会を開催したり、最近はピンピンコロリを目標に「白井元気村」を立ち上げ、年に何回か医学博士などを呼んで講演を行なったりして好評を得ている。

　こうして、町だった時代には８０００人ほどだった人口が、現在は6万人を突破した。だが、40年も経てば高齢者も増加しているので、あと10年もすれば人口減少に入るのでは、と心配している。ある議員さんは、「東京からもっと移住者を呼び込み、住民を増やさないと」とコメントする。また、この市の国際交流協会は、毎年各国の在京大使館員を招待して講演会を開催、現在まで23カ国の大使および大使館員が講演しているほか、地域の農家が外国人を招待しての食事会なども行なっているので、周囲の市町村から注目されている。それに加え、行政は「魅力発信課」を立ち上げ、アピールに余念がない。ただ、千葉県の中でも東京に近いエリアは大企業などの産業県で毎年人口が増加しているが、成田空港周辺より外部は農業県でもあり、これらの地域では少子化や過疎が急激に進行し、県内の小学校は８０３校と10年前より50校以上減少した。県の企業立地課は、「今後も廃校が増えることは間違いないので、要望があれば企業に貸し出して管理を任せ、その貸し出し金額を無料にするなどの対応をしている」と話す（岐阜県などでは、少子化で県立高校が「廃校になるかも」という危機感からか、首都で発行されている東京新聞に広告を出し、高校の特徴を記載し、生徒募集をしている事例もある）。

千葉県では、廃校などの公共施設の活用をどうするか、その対応に苦慮する自治体を後押ししようと、貸し出す市町村と借りたい企業などの相談会を年２回開催している。企業立地課ではバスツアーを企画し、「まずは直接、施設を見てほしい」と企業などに呼びかけている。

9　今後、地方はますます深刻な事態に

現在でもそうだが、今後はますます地域の後継者ほか、お嫁さん不足は深刻になるだろう。

この実態を、これから行政はどうやって解決するのだろうか。何かしらの対応策で取り組まないと、地域が消滅することは明らかだ。講演に伺ってその対応策などを話すのだが、「対策は取っていますけど」などと言う地域に、「では、今までの対応策でどんな成果が上がっていますか」と質問すると、答えられない地域の方がはるかに多いのである。実際、ほとんどの過疎地域では対応策もなく諦めており、行政が本気で行動しているような地域でも、成果が少ないように感じる。最近は大抵の市町村に過疎化や少子高齢化に対応する「課」がある。だが実際のところ、官民一体となって対応策をとり、画期的なアイデアなどで取り組んでいる地域があるかといえば、まったくといっていいほど見当たらない。そのほか、対応しているという地域でも成功例がないに等しいので、驚きを禁じ得ない。

このような事態を払拭するには、地域の住民たちが率先し、行政と一体感を持って行動を起こすことが重要である。後世の子、孫、ひ孫に何を残していくのか、現在の住民には重大な責任がある。

山形県長井市は、地元に人材がいないということで、東京まで来て市で企業を起こす人材やアイデアなどを募集している。このように、首都圏などの都会人を巻き込みながら、行政は住民たちといっしょに対応策を考え、取り組んでほしいと思う。それができないのであれば、先行き「地域が消える運命」にあると言っても過言ではない。そこで、ここで何回でも言うが、現況における喫緊の課題は、なんといっても「地域の後継者づくりと嫁さん不足の解消」である。それにはまず、地域から都会に出て行き成功している人や、もし都会などから移住して来た人がいたらその人も巻き込み、さらには若者を交えながらじっくりと懇談してほしい。そのほか、都会の大学へ進学している学生などから話を聞いて情報を集めるのもよいと思う。

10 「婚活」も対応の仕方で成果が

以前、過疎のある地域に、「婚活」ということで東京から女性たち10人ほどを連れて行ったことがある。しかし、その地域の男性たちは緊張のせいか沈黙してしまい、会話が弾まなかった。あとで彼女たちに聞くと、「あまり会話がなかった。もっと地域の生活や食べ物、学校や仕事の話とか、普段の買い物はどうしているのかとか、いろいろ聞きたかったのに、打ち解けて話ができず、残念だった」などと話すので、筆者も役所の人間も困惑し、戸惑ったことを思い出す。

このときの反省から、最近は男性に女性を引き合わせる前に、行政は懇談のテクニックを男性たちに享受してほしいと要望しているのだが、行政も得意ではないのか、きちんと実行しているという話を聞いたことがない。筆者はその対応で呼ばれたりすることもあるのだが、彼女たちを紹介する前に、男性たちに彼女たちの緊張をほぐして素直に懇談するテクニックや、自然で何気ない会話の進め方などを伝授している。

筆者が司会をして成功したときのテクニックだが、彼らにはこんなことを話している。例えば、「その日の彼女たちのバッグや持ち物、着ている物や髪型など、気に入ったところがあれば軽く褒めてみてください。『それ、いいね。似合ってますね』とか。『その色、俺も好きです。センスいいね』とか。ほかにも、『好きな食べ物は何ですか』などと質問し、彼女たちが答えたら『ほんと？　俺もそれが好きなんだよ。貴方の味付けで美味しくつくってほしいね～』とか。趣味を聞いて話したら、自分がそうでなくても『いい趣味だね』とか。とにかくこんな会話をすることによって、相手の気持ちもほぐれて、雰囲気が盛り上がると思う。まずは彼女たちの緊張をほぐすことだよ」と話している。その結果からか、先般のお見合い会では、いつもはよくてカップルが1～2組なのに、このときは双方40人のうち、その後にカップルが8組もできあがり、行政の担当者も驚いていた。

11　結婚相談員にテクニックを伝授

新潟県では、県内の危機的な未婚化や晩婚の抑制につなげようと、新潟県出身のお笑い芸人に出演してもらい、「あなたの婚活を支援するプロジェクト」というPR動画を制作している。動画を通して独身男女の婚活をアピールし、県を挙げて支援するのがねらいだ。状況はそれほど切羽詰まっていて、インターネットのほか、県内の映画館や電子看板などでも公開している。県のある地方行政関係者は、「特に最近、各地と同様に新潟県も結婚できないというか、しないというような男女が多く、人口減少に拍車がかかっています。県でもなんとかしなければということで製作したのだと思う」とコメントした。

筆者は以前、山形県置賜地方（3市5町村）で、女性の生涯学習「ミズ・アカデミー」の講師を20数年引き受けてきた。そのとき受けた印象では、男性より女性の意識改革が軌道に乗ると、地域の改革・変化が早いように思われた。その後、その地域の行政に、結婚相談員に対する対応策などを話してほしいと頼まれ、講師役を引き受けたが、なんと1泊2日の研修であった。そこでは、筆者が体験した成功例とともに、東京に滞在している大使館員や特派員などから仕入れた欧米の成功例なども具体的に話した。これらの成功例は、日本に当てはまるアイデアもあるので後述したい。

ところで、地元の結婚相談員についてだが、最近は昔と違って結婚は個人的なことと考えている方もいて、周囲はあまり関与しないという雰囲気があるのだという。しかし、このときの研修後、前述したミズ・アカデミーで学んでいる女性から、「この地域も結婚難で大変。特に男性の方が危機的で、地域の男性は独身だらけ。私もちょうどなんとかしなければと思っていたので、これまでの先生のお話の中でも今日が一番参考になりました」と賛辞された。そして彼女は「地域が高齢化と人口減少に悩まされているので、これから私も婚活の『ちょっかいおばさん』をやるわ」と話していたことを思い出す。そしてその後、「ひと組くっつけたわよ。うまくいっているみたい」との連絡があった。今後も地域住民は互いの情報を駆使し、ちょっかいおじさん、おばさんになってほしいものだ。

12　地域住民全体で婚活を

最近、地方講演に伺って感じることは、地域で結婚のできない、またはしていない男性が思いのほか多いということだ。行政も対策がないのか、「婚活がうまくいく方法はありませんか」などの質問を受けたりする。そのようなこともあって、先般、東京の女性を長野県佐久穂町へ連れて行き、お見合い会を開催したところ、地元の新聞にも掲載され注目された。今後は「結婚は個人的なこと」などと言わず、行政は昔のように「ちょっかいおじさん、おばさん」を各地域で仕立て上げ、その人たちを情報源にしながら了解を得た独身男女の情報を発信し、サポートしてほしいのだ。そして、これらの取り組みには、自分たちの問題として地域全体で本気で助け合いながら対応してほしいと思う。現況における地域のコミュニティ崩壊は目前に迫っている。住民たちは地域全体で「先々、先祖代々の地域が消滅する」という危機感を共有して行動を起こし、行政もそのような対応をしてほしい。

講演先ではこのような話を幾度となくするのだが、過疎地域ほど言い訳を並べ、反応が鈍いのでいつもがっかりする。それに加え、地域には結婚相談員がいないところも多く、あったとしても機能していないところも各地に存在する。住んでいる地域では緊急の課題として本気の対応策で動き出し、独身男女の情報を収集し、地域からも情報発信し、カップルができるように心がけてほしい。また、行政は日々インターネットなどで他の地域の成功例などの情報を収集しながら、異質と思われるアイデアであっても即否定せず、まずは「失敗してもいいからやってみよう」と、行政のトップが率先して取り組んでほしいと思う。行政と住民が一体となれば、筆者の体験からだが成功している地域もあるので、喫緊の課題として本気で取り組んでほしい。そうしなければ今後、現在住んでいる地域が数十年で消滅するという事態が各地に浮上することは間違いない。実際に、現在でも今まで住んでいた地域が消滅したという現実もあるのだから、緊急課題として取り組んでほしい。

13　シングルマザーなどを呼び込んで

最近、都市ではシングルマザーやシングルファザーが増加しているという実態がある。そこで異質などと思われるアイデアであっても、シングルで子どものいる家庭に対して、過疎地ほど子育て環境を整えながら「子育てには大変良い地域です。子ども手当もありますし、その他、さまざまな優遇策などもあります。お問い合わせください」など、できることをインターネットなどでアピールしてはどうか。また「地域での職業としては農業のほか、介護や保育園のサポートなどもあります。住む場所として空き家は無料のほか、非常に安価に住むことができます。お米は年間、無料で配布されます」などなど、とにかく何でも良いから地域でできる範囲内で、具体的なアイデアを、マスコミなどを利用して発信しながら、これらの人たちへアプローチすることも考えられるのではないだろうか。現に、島根県浜田市などではこのような対応策を発信して、わずかながらでも成功しているという。現実にこのような地域も出始めているのだから、地域でできる範囲内で検討し、具体的な優遇策を提案しながら発信してほしい。

何度でも言うが、結婚は他人事などと言っている場合ではなく、地域全体の緊急課題であり、自らの問題として行政は先頭に立って、長野県のように住民とともに危機感を持って情報収集しながら発信してほしいと思う。このような現在の実態はこの先、地域が消滅するかも知れないという危機的な問題として、地域の住民たちも必死に取り組んでほしいと思う。実際に、地域の部落が消滅した場所もあるのだから真剣に考えてほしい。

ところで、最近、筆者は地方から婚活パーティーの司会などを頼まれることも多くなった。

本来の仕事はエコノミストと地方創生が専門なので、そちらの講演依頼は多く、本の出版や新聞への執筆などが主な仕事だ。だが、最近は講演先などで「ちょっかいおじさん」として、さまざまな地域で婚活の情報を収集し、前述したように現在まで13組の結婚をまとめ、サポートしながら地域に還元し、感謝されている。今後もできる範囲で婚活の情報収集をして発信していきたいと思う。

14　わが家庭を紹介すると

講演先で筆者の過去の略歴をよく質問される。余分なことだが、ここで少し記述したい。大学院中に旧通産省（現経済産業省）に入省したため中退し、50歳まで同省に勤務。リタイアしてからは某大学の非常勤講師をしたり、民間会社に5年ほど籍を置いたりした。その後はエコノミストとして出版や講演活動を行なっている。また、わが家では40年ほど前から主に海外の留学生を主体にホームステイを引き受けており、先般も朝日新聞に大きく写真付きで掲載された。現在までホームステイをした人は２１３人。長い人では1年弱、短い人では国際会議などで来日した政治家や官僚などもいて、日本の家庭を見たいと1～2泊、または1週間の人もいる。食事代などすべて無料にしている。こんな家庭なので、長男は米国、次男はオーストラリアへ留学し、次男は帰国していない。

趣味は現在に至るまで競技スキー。高校・大学・大学院時代には競技スキーに明け暮れ、1973年にアラスカのマッキンリー山から滑降したが、日本人として初めてと言われた。1998年には世界マスターズのカナダ大会に初参加し13位、その後、米国やイタリア大会にも参加したほか、2010年にニュージーランドの世界大会では銅メダリストとなった。また、現在でも全日本マスターズ選手権大会に毎年参加し、2018年で40回以上、3月の全日本マスターズスキー長野県斑尾大会では1位となり、同じく同県軽井沢町での東日本マスターズでは2位となった。そんなこともあって、衰退しているスキー場の活性化のためのコンサルのほか、全日本実業団スキー連盟の理事長も兼務している。それ以外の役職としては、各地域の過疎地域を少しでも復活させるためにどうしたらいいか、というアドバイスをはじめ、本来の職業である経済についての講演のほか、各地の新聞などにも執筆している。

Part 3
地域全体で考え、取り組む姿勢を

1　後継者がいない家と田畑をどうするのか

筆者は東日本地域からの講演要請が多い。というのは現在、全日本マスターズスキー選手権大会の会場が東日本になることが多く、その大会で知り合いができて選手や役員たちから声がかかることが多いためだ。その東日本の各地では過疎地域が非常に多く、人口減少率は秋田県が1位で青森県が2位となっている。まさに過疎地域の消滅という事態が眼前に迫っているのだが、その対応に行政が必死になっているかといえば、諦めている地域が多いのが現状だ。前述したように、過疎地域ほど後継者と結婚難が実に深刻である現在の実態に、筆者は並々ならぬ関心を持っている。そのような日本の現況に対して、各地域のさまざまな生き方にまで影響を及ぼし、調査機関などから〝限界集落〟というレッテルまで張られている地域もあちこちに実在し始めている。そうなるとますますお嫁さんに来る人もいなくなり、その結果、子どももいなくなるため、学校の閉鎖も連鎖して起きている。

知人である過疎地域の町長さんには、「地域活性化ができない主因は、なんと言っても農業の後継者とお嫁さん不足につきますね。この地域にも結婚相談員はいるにはいるのですが、これがまったく機能していないのです。現在、地域は独身男性だらけですが、その対応策もまったく見当たりません。それに加え、ここでも女性は地域外にお嫁に行くことが多く、まあそれはそれでいいのですが、男性は家と田畑があるのでそれもできず、地域住民は困惑しています。何かいい方法はありませんか。このままでは間違いなくあと数十年でこの地域が消えると思います。私も地域の住民も最近はようやく危機感を持ち始めています。何か良い対応策などはありませんか」と質問された。

最近は講演に伺うと、どの地域でもこのような質問をされるので、こちらもなんとなく困惑する。そこでこれらに対応するアイデアなども記述するが、結局は、それらに対して提案するアイデアなどがあっても、とにかく地域の住民が必死になって、またどうやって意識改革しながら対応するのか、その辺にかかっていることは言うまでもない。現に一部地域では必死になって取り組み、成功している例もあるのだから、その地域はどうして成功しているのか、全国の成功例の情報を集め、それをそれぞれの地域に合うようにアレンジしながら必死に取り組んでほしい。

2　先祖代々の「位牌を守る」は弊害か？

先般、東北地方のある地域に講演に伺ったところ、当初の講演テーマにない項目を地域の議員さんから質問された。その議員さんの質問とは、「適齢期の女性は地域の男性とは結婚せず、みんな故郷を離れてしまいます。しかし、長男などは今でも家に先祖代々の仏壇があり、『位牌を守る』という使命に縛られているため、身動きできないのです。地域には独身の男性が多く、だから子どももいません。数年前には小学校が閉鎖になりました。このような地域の実態をどうすればいいですか。このままでは間違いなく、あと数十年でこの地域は消えると思います。行政もさまざまな対応をしていると口では言うのですが、人口減少に歯止めがかからず、行政は諦めている感じがします。ですから実質的には何の対策もとっていないのと同じです。何かよい対応策はありませんか」と。この講演先でもまたも同じような質問をされたので、毎回だが困惑する。このような地域には対応策などを提案しても、行政も住民たちも諦め、取りかかる気持ちがないような感じがする。現に、過疎地域でこれほどの危機的状態が目前にあっても、最初から諦めて何の対応もしていないように思えるからだ。

地域の文化や伝統を否定するものではないが、住民自身が地域を守るということを諦めているほか、結婚難はますます深刻化するばかりで、結局この人口減少は地域を衰退させ、さらなる悪循環に直面している。これを打破するために立ち上がっている地域もあるが、軌道に乗っている地域はまったくもって少なく、またそれに対するアイデアなどもないため、右往左往しているのが実情である。そしてその実態は、今でも一部の地域では安易に外国人花嫁を求めたりしている。知人の住むある地域では、外国人の花嫁が日本国籍を取ると離婚したり、また故郷に送金したりと、トラブルがつきまとっていることも多いと話す。現実にこのような問題が浮上している地域もあるのだ。

これら諸問題を、行政はもちろんだが、地域の住民たちも自分たちのこととしていっしょに考え行動しなければ問題の解決には程遠い。ここでもたびたび指摘するが、住民全体が危機感を持って取り組むことができるか、また、行政もさまざまなアイデアを模索しながら率先して対応することができるかだ。こうした現況を肝に銘じてほしいのだが、行政も時代のせいにするなど他人事のように振る舞う地域も間違いなく存在する。これも筆者の体験からだが、過疎地ほどこのような実態が多く存在し、これでは地域の衰退に拍車がかかるのは無理もない。

3 「まちづくり課」はあってもアイデアがない

先日、人口減少が著しいある地域に講演を頼まれたので伺った。テーマは「人口減少と婚活」、サブテーマは「農業の後継者と継続」である。そこでさまざまな対応策を提案したが、講演会のあと、地域の議員さんからこんな話を聞かされた。

「今は行政も地域住民も諦めているのが現実ですね。実際、行政の動きを見ても危機的な状況の話はしますが、対応策がないため、結局は行動していないのです。議会で少しでも今までと違った、またこれまでにないような対応策などを提案すると、『検討します』との返事はいただくのですが、結局は対応せずにボツになるのです」と、その若手の議員さんは話した。また、別の議員さんは、「以前には婚活業者などに頼んで高額な金額を払って対応したのですが、まったく決まらないことが多かった。また、決まっても生活環境が違ったり、言葉の壁があったりして、家庭の中でのトラブルで離婚してしまうことも多かった。地域には結婚できない独身男性が年ごとに多くなっています。一方の女性たちはといえば、学校が廃校になったこともあり、子育てに不便だからと言って出ていくのです。このような実態は周辺の地域でもザラにあり、少子化にも拍車がかかって、数年前には隣の村でも小学校が閉鎖になりました。その結果、若者たちがますますこの地域を離れていくので、地域全体が衰退の一途をたどっています。年々空き家も増えています。そこで、このような地域の実態をどうすれば解決できますか。活性化につながる良いアイデアはないでしょうか。役場も住民も困惑しています」と、またも同じような質問をされた。

過疎地域では、どこでもこのような状況に見舞われており、これらの対応について各自治体などからの問い合わせが多くなった。そこで他地域の成功例などを提案するのだが、実際に行政は動こうとしないので、こちらの方が困惑している状態である。

また、過疎地域の行政内には、「まちづくり課」や「地域活性課」などが存在することも多いのだが、それが実際に良い形で機能しているのかといえば、まったくもって機能していないように思われ、この現実に驚きを禁じ得ない。

「過疎は地域の緊急事態」と受け止め、次の章（Ｐａｒｔ４）では意欲ある地域で官民が一体となり、わずかながらでも成功させている例をはじめ、知人で外国の在日特派員や在日企業人などから仕入れた対応策などを、日本の過疎地域にも当てはまるように簡潔に、また端的に提案したいと思う。

これらの対応策を頭から拒否せず、「もしかしたらうちの地域に当てはまるかも」などと、耳を傾けてくれる行政の担当者や議員さんが一人でもいたら、まずは話し合いをしながら検討し、取りかかる対応策などを考えてほしい。そして、やはり地域の行政は、住民たちを巻き込んでいっしょになって行動を起こしてほしい。それらの行動と対応が先々、わずかながらでも地域活性化の対応策になるのではないかと信じている。

4　何事も否定せず行動することが前提

その前に、少し考えてほしいことがある。人間は1時間歩くと約4㎞進み、同じく車では普通道路で40㎞、高速道路では100㎞、飛行機では数百㎞移動できる。ところが、筆者の後輩で中央行政の関係者は、「21世紀に入ってグローバル&ボーダレスといわれる時代なのに、過疎化が進む地域の行政も住民も、今でも情報収集は歩ける範囲内にとどまっているのが現実。これらの地域行政に『この現況をなんとかしてもらわなければ、この先、地域は消滅しますよ』と話して事態打開のアイデアなどを提案するが、動かない。理由を問いただすと、相変わらず『検討しています』と言うだけ。その後は返事もないし、取りかかった気配もない。どうすれば動きますかね」などと話している。

講演先では、住民からも「行政はまったく動こうとしない」と苦言のコメントを聞くことも多い。こうして何回も同じことを言うのは、行政にも住民にも即刻、取りかかってほしいからだ。その地域で対応できるようなアイデアを提案したいが、問題は行政・住民がどう受け止め、どう実行するかだ。対応もせず「うちの地域は無理ですね」などと否定し、消滅するのを待つのみなのか。それとも諦めずに住民たちが必死になって対応するのか、その辺が本当に重要なポイントになることは言うまでもない。

次の章では、日本でもできそうな外国での成功例などを記述するので、これらのアイデアを自らの地域に当てはめられないか、行政と住民が話し合い、いっしょに検討し、そこから行動するポイントを見つけてほしいと思う。たとえ異質と思われるアイデアであっても、即「この地域では無理です。できません」などと否定せず、その中から1つでも、「これならばうちの地域に当てはまるかも?」という対応策を見つけ出すように心がけ、それをどのようにして実践に結びつけるのか、若者も含めて地域全体で考え、取り組んでみてはいかがだろうか。前述した長井市は、「よそ者」のほか、高校生にもアイデアを考えてもらって対応している。

Part 4
人口増につなげた国内外の成功事例

1　日本にも当てはまると思える外国での成功事例

以下に外国での成功事例を記す。当該地域は、後継者をはじめ若者たちの結婚難という実態を、少しでも解消につなげるアイデアとして、これらの成功例をアレンジして実行してみてはいかがだろうか。これらの成功事例は筆者が外国で懇談したり体験したりしたことで仕入れた話や、在日大使館員や外国の特派員、留学生やオーストラリアにいる次男などから聞き集めたものである。現在、政府が進めている「地方創生」のためにも、地域が一体となって実践し、成功に結びつけていただければ幸いである。

記

事例1　婚活を主旨に、一週間ほど祭りやイベント、スポーツ大会などを実施し、都会などから参加した女性たちを結婚したい相手先にホームステイさせる　▼▼▼　女性たちは結婚したい男性のお母さんといっしょに家庭料理などをつくり会話することで仲良くなり、成功している（ベルギー）

事例2　都会などで婚活している女性たちに、地元の仕事としての農業や漁業などを理解してもらうため、日々の生活マナーや地域の特産品、伝統的な習いごとなどをインターネットなどで発信する　▼▼▼　地方への移住希望者を地元に呼び寄せ、1～2年空き家などに住まわせ、毎週土曜パーティーなどの対応で成功している（欧州）

事例3　ヨーロッパなどでも移民は増加傾向だが、元々の住民は減少している。そこで、農業地帯での後継者と花嫁不足の解消策として、行政が地域の特徴を紹介しつつ、日々、マスコミやインターネットを通して募集要項などを発信している　▼▼▼　先に嫁いだ人にもPRさせ、受け入れ体制を整えている（ベルギー）

事例4　少子化に陥った現状に危機感を持った政府では、国を挙げて出生率のアップに取り組んでいる　▼▼▼　同国では、子どもが2人いる家庭に対して援助金を月に131ユーロ（約1万7000円）、3人だと299ユーロを20歳まで支給する。また国鉄運賃も子ども3人で家族全員が30％引きのほか、5人だと半額になる（フランス）

事例5　過疎地域のお嫁さんや後継者不足の対応には、地元のマスコミやインターネットなどさまざまなルートを駆使し、都会の住民と地方の住民が日本でいう親戚づきあいを展開している　▼▼▼　このような交流をもつことで情報収集し、地元の優遇策を提示、そこから地

域の後継者や結婚願望のある男女を呼び寄せて対応し、成功している（ドイツ）

事例6　特派員の話によると、どこの国でも社交的でない人ほど対人関係が下手だという。日本も同様に対人関係が下手で社交的でない人ほど結婚できないという現実がある。このような世間的な背景から、地域全体で花や果樹、羊や牛の牧場などといった趣味のグループづくりをする　▼▼▼　地域全体でその特徴などを紹介し、成功している（豪州）

事例7　なんといっても地域のイメージアップが大事である。「あの地域なら移住してもいい」などの評判を取ることが重要だ。行政が日々、地域の特徴や新鮮な果物や花などの農産物、地域の祭りなどの情報を発信する　▼▼▼　その地域がいかに素敵で住みやすいかと思わせる対応をした結果、これが大成功している（イタリア）

事例8　婚活している都会の女性たちに対し、旅行気分で気軽に泊まれる農家のホームステイを提案する　▼▼▼　地元のお母さんたちからその土地の料理などを習うというような対応をしたところ大好評となった。食事をするときは結婚願望のある男性達といっしょになってパーティー形式にし、これが大成功している（欧州）

事例9　地域の結婚適齢期とわれる男女で、あまり行動力のない人や社交的でない人、引っ込み思案の人たちを引っ張り出す作戦を展開する　▼▼▼　行政や婚活グループなどが両親の

許可を得て金曜日の夜や土・日などに押しかけ、婚活パーティーをするなどのアイデアが成功につながっている（米国）

事例10　行政と住民が毎年、何回か持ち回りで婚活している男女や、バツイチなどの家族を日帰り旅行やパーティーなどに無料招待し、結婚願望者とお互い知り合うことができるようにする　▼▼▼　この対応に地域住民が率先して参加し、対応した結果、移住や婚活の成功率アップにつながった（イタリア）

事例11　過疎地域の行政が地元のシルバー人材を活用し、間伐材などでログハウスとバーベキュー村を立ち上げる　▼▼▼　宿泊施設のほか働き場所と交流場所などを完備した結果、そのログハウス地域が婚活の場所ともなり、双方ともリラックスできて、周辺の住民達も参加するようになり大成功につながった（カナダ）

事例12　農業地帯の過疎地域でホームステイを展開する　▼▼▼　外国人はもとより地域外のインバウンドも増え、婚活をする都会の若者たちも呼び寄せて交流が実現した。行政が先頭に立って情報収集をした結果、地域の活性化や婚活に結びつき、農業後継者なども見つかった（米国&カナダ）

事例13　競技性を持たせるようなさまざまなイベントを考える　▼▼▼　競技の結果、入賞者には地元の農産物や自慢できる土産品に加え、次回また参加する場合はホームステイというお土産をプレゼントした。これが非常に好評で、地域の評判もアップし、後継移住者も出ている（米国）

事例14　行政の婚活情報によって地元でカップルになった人に地域の結婚相談員になってもらう　▼▼▼　彼らに地域の良さなどを発信してもらった結果、婚活情報なども集まりやすくなり成功率がアップした。また、都会からの農業後継者募集には、彼らが地域農業の魅力をインターネットなどで積極的にアピールすると、これもまた成功率アップにつながった（フランス）

事例15　日本ではあまり聞かないが、海外では金曜日や土曜日に行なう趣向を凝らした婚活パーティーが大流行りだ。以前に伺った米国ユタ州のスキー場のある農村地帯では、行政が毎週金曜日の夜、結婚願望の若者達のために出会いの場所としてちょっとした仕掛けを加えたパーティーを行なっている　▼▼▼　これが婚活のきっかけとなり、成功の原点となった（米国）

事例16　シングルファザーやマザーを対象に、「小麦栽培の農業地帯です。牧場地帯です。花の栽培地です。果樹の栽培地です。空き家も仕事もあります。移住しませんか」などの情

報を行政が率先して発信する　▼▼▼　その結果、シングルファザーやマザーとともに子どもが増加し、大成功した（欧州）

事例17　欧州でも先進国などでは移民が増加しているが、元々の人口の減少には悩まされている地域も多い。過疎の農業地帯などでは行政と住民双方が地域が消滅するとの危機感から、都会の人たちにも参加してもらい、さまざまな問題について話し合いの場を設けた　▼▼▼　考えられないような奇抜な対応策が浮上し、成功に結びついている（欧州）

事例18　過疎の農業地帯では、「地域の伝統的な花の栽培や牧場、そしてワインセラーもあります。結婚や後継者願望の若者は即刻、ウエルカム」と、行政が率先して発信する　▼▼▼　併せて、住民が自分たちの住んでいる地域の風景や自分たちのことを写真付きで紹介し、「皆さんを待っていますよ」とアピールして大成功した（欧州）

事例19　「私の土地で小麦の農業をしてください」「ワインセラーや花の栽培の後継者になってください」「地域の男性・女性と結婚してくださいませんか」「とにかく遊びに来てください。ホームステイができます」「地元の美味しい料理が待っています」などと、常に行政が地域の話題を発信する　▼▼▼　情報が信頼され、これが大成功（欧州など）

事例20　過疎の農村地帯では、夏休みや冬休みに「子どもたちをホームステイさせますから遊びに来てください。スキー場もあり、留学もできます」などと行政が率先してプランをたてて情報発信する ▼▼▼ 体験した一部の子どもが大人になってからその地域に戻って農業従事者になると、それが評判となり地域が活性化された（欧州）

事例21 カリフォルニアへ行ったときのこと。スキー場のある山里の地域では、元気な高齢者たちが山などに木のツルをとりに行き、とりに行けない高齢者たちはそのツルで手籠やリースなどをつくり地域で販売した ▼▼▼ 行政の担当者は「5年ほどしたら、認知症が6％ほど減少した」と話していた（米国）

事例22 近年、人口の減少から右往左往していた国家。そこで考えついたのが、子育てが終わり仕事からもリタイアした主婦たちに対して、政府が近所で生まれた子どもを自宅で預かる制度を発足させた ▼▼▼ 主婦たちにはいくらかのバイト料も入り、これが評判となり、この方法が全国展開し、人口増加につながった（フランス）

事例23 海外で聞いた話。「日本に滞在して驚いたことがある。交通の便が悪い地域で高齢者などが歩いていても、そこを車で通っても誰も乗せてあげないんだね。私の国では必ず声をかけて乗せてあげるよ。日本でこれをする地域があったら評判になると思う。強盗なども少なく親切だと評判の高い日本人がなぜそれをしないのか、不思議だね」（欧州）

事例24　農村地帯は、例えば「ワインの町」「トマトの町」「ジャガイモの町」「花の町」「牧場の町」などのように、特産品に特徴をもたせ、それを徹底的にＰＲする　▼▼▼　「〇〇の町」という評判をとって都会などに宣伝した結果、イメージアップとなり移住者も増加した（オランダなど）

事例25　核家族（親子が別々に所帯を持っている家庭）で子どもが生まれた場合、若夫婦が仕事をリタイアすることがないよう祖父母が夕方まで孫を預かった場合、政府からいくらかのマネーを受け取ることができる制度をつくる　▼▼▼　人口減少にストップがかかり、国民にはすこぶる評判がいい制度だ。日本の過疎地域でもできないか（シンガポール）

事例26　「英国に温泉があると思うか?」と特派員のアンドレーさん。「あるんだよ。英国で随一温泉が出るバース市は、１９９０年代ごろから日本人観光客が多くなったので、これを機に別府市と姉妹都市を結んで日本の技術を取り入れ、２０００年に記念行事として温泉施設をつくったんだ。温泉好きの外国人が日本に行ったとき、気軽に入れる温泉があるといいな」（英国）

以上が日本に滞在している大使館員や外国特派員、外国の企業人などから仕入れた自国の活性化対応策である。日本でも即刻、取り入れられるようなアイデアもあるので、1つでも官民が一体となって検討し、取りかかってみてはいかがだろうか。もし、外国の大使館員や、特派員などを呼びたいという地域があれば対応するので、筆者まで連絡してほしい。

ここで少し余談になるが、最近、日本の小中学校などではいじめが凄い勢いで増加していると、マスメディアなどを賑わしている。このいじめなどは外国にもあるというが、息子のいる豪州メルボルン市では、いじめが分かった時点で即刻、いじめた生徒といじめられた生徒の両親を学校に呼び出し、話し合いを持たせるという対策をとったところ、見る間にいじめが減少したという。学校でいじめが消えたとなると、市町村のイメージアップにもつながるので、このような対応は日本でも参考になるのではないかと思い記述した。

その他、これも少し余分になるかもしれないが、18年10月11日、世界銀行は子どもの健康状態や教育環境など、国や地域別に評価した新たな指標「人的資本指標」を公表した。この評価の中で最も高かったのはシンガポールで、2位が韓国、そして3位が日本となった。「小学生の登校時に近所の大人たちが見守る活動を見て感銘を受けた」と話すのは豪州の外交官で、来日2年目のアンドレー・マッツさんだ。教育環境が優れている日本だが、韓国が日本より上位になったのはどうしてか、日本はまだまだ対応を考える余地がある。

2　国際交流で地域おこし

　近年は、国際交流で地域おこしをしているという市町村も多い。この国際交流は1980年代からブームが始まり、2000年には1300件以上となった。だが、その足跡を振返ってみると、年に1回程度、お互いの住民が相互交流するという市町村が多く、その交流が地域の活性化に役立っているのかといえば、疑問の残る地域も多い。ある地域の知人は、「費用は住民も半分ほど出すが、町の予算を使って交流していることには違いない。もちろん悪い訳ではないが、これが地域の活性化に役立っているとは思えない。そのカネがあったら地域の特産品などの宣伝に使ってほしいね。国際交流は町長の自己満足、ただのイベントだよ」と、酷評する。

　だが、北海道生田原町は、木のおもちゃが取り持つ縁で、フランスのモアラン町と相互交流し、これが地域活性化に役立っており、子どもたちの交流も活発になっている。

　また、山形県戸沢村では、当時、村の人口約6800人で、韓国から花嫁さんを迎えていた。彼女たちが地域でキムチ作りを指導したことで戸沢流キムチが誕生し、過疎村にも変化が起きている。こうしたつきあいから、97年に最上川が蛇行する丘陵沿いの斜面に韓国文化を紹介するテーマパーク、日韓友好の村「高麗館」がオープンした。これを記念し、コリア音楽祭、チェギチェギ世界選手権、第二回全国コリアタウンサミットを開催。駐日韓国大使を始め、韓国堤川市長など多くの来賓が参加し、周囲の市町村から驚きの声が上がった。これなどは住民の協力があったからこそ成功させることができたのだ。この成功を踏まえ、99年3月には「国際交流協会」が設立された。村人にとって、これまでは外国人というだけで近寄りがたいイメージがあったが、徐々に違和感なく接するという反応の兆しが見えてきたという。

このように、外国人との交流によって変化してきている地域もあるのだ。ただ残念なことに、危機感を持ってさまざまな対応をしている地域でも人口減少にストップをかけることができず、現在、この戸沢村の人口は4600人ほどに減少している。

こうした人口減少の実態から、日本政府は再度、2019年度から30数万人の外国人労働者を日本に入れるとしている。今後は過疎地域にも普通に外国人が滞在することになるだろう。人口減少と過疎地域が年度ごとに増加する日本。今後は、どこの地域に行っても外国人が住んでいるという時代が、目前に迫っているのではないだろうか。

3　ヨーロッパでも人口減少が

在京の大使館員や特派員などと懇談すると、ヨーロッパの先進国でも日本と同様、農村地帯の一部地域では以前から住んでいた白人の人口が減少し、白人の結婚難という事態が起きているという。同時に地域農業の後継者不足という問題にも直面しているそうだ。確かに、移民などの入国で人口そのものは増加しているものの、元々住んでいる自国の人口が減少しているので、最近はさまざまな対応策で人口増加に結びつけていると話す。

フランスでは1人の女性が生む子どもの数が約1・6人に減少したため、国家は非常事態宣言を出した。国が危機感を持って子育ての終わった女性たちを呼び込み、2カ月ほど行政の研修を受けてもらい、その女性たちに頼んで近所で生まれた子どもを自宅で預かるという対策を打った。その結果、1人の女性が生む子どもの数は1・92人まで回復した。これらの費用は政府ではなく企業が出すのだという。足りない分は国家予算の3・4％を投資して対策を講じた結果、2人以上まで戻したという。現在、日本では一人の女性が産む子どもの数は1・4人強だが、人口増加のためには2・07人以上産まなければならず、それ以下では人口減少となることを知ってほしい。日本ではこれに関する国家予算はフランスの半分以下である。
　このような問題で外国人などと懇談すると、彼らは「都市と地方とのつきあいが絶対条件だ」と断言する。日本の過疎地域では、地域を消滅させないためにも彼らの指摘などを参考に、決して諦めず、行政と住民が真剣に、そして一体感をもって地域活性化に取り組んでほしいと願わずにはいられない。次に筆者が熟慮した対応策を記すので、こちらも参考にしながら取りかかってはいかがだろうか。

記

対策1　現在、日本はシングルファザー、マザーなどが急増中である。そこで「わが町は子育て支援が充実しています。住む空き家もあり、仕事は農業のほか、介護や保育園サポート、ケアハウスなどいろいろあります。食料としてお米を年間、○キロ差し上げます。できたら地域に移住しませんか。行政が責任をもってしっかりと対応しますよ」などと、1人で子育てに奮闘するお父さん、お母さんに呼びかけてみてはいかがだろうか。

対策2　行政は地域の若者たちがいつでも立ち寄れ、お茶でも飲みながら懇談する場所を提供してほしい。この場所で若者達と情報を交換しながら、地域の「老醜」には遠慮いただき、若い彼らを地域活動に参加させ、住民といっしょに行動するように結びつけてほしい。どんな異質なアイデアであっても、まずは住民たちみんなで話し合ってほしい。

対策3　地域活性化には若い力が必要不可欠である。地域の若者たちを巻き込み、異端者といわれている人がいても排除しないで、なぜそのような意見をもつのか、行政はじっくりと彼らと懇談し、意見の裏側まで察してほしい。その結果、危機的実態の離島などでは、思った以上に成功している地域もあるのだから。

対策4　地方社会では、異端者といわれる若者などはどうしても弾かれる傾向があるという。講演会で知り合った若者は「人と違う意見を言うと必ず誹謗・中傷の対象になるので、おかしいと思っても沈黙するしかなくなる。だから特に女性たちは地域から逃げ出すことを考えている」と話す。これが嫁不足の一端なのか？　と思えてならない。

対策5　地域活性化をテーマに会合を開くときは、過疎地域ほど当該地域の住民だけでなく部外者も呼ぶ「よそ者サミット」という形態で開催してほしい。地域活性化に役立てるため、地域に嫁いだ1年未満の人や都市圏人などを招き、普段は言いにくいことでも言いたいことを言ってもらう。ただし、それを地域の住民が聞く耳を持っていることが大前提だ。

対策6　異質と思われる意見であっても、批判したり誹謗・中傷したりすることはやめてほしい。どうしてそのようなことを言うのか、本人の意見をじっくりと聞いてほしい。相手を誹謗・中傷したところで自分たちの地域の価値が上がるわけではないし、困難を克服することもできないのだから。反対意見を言うときは、必ず自らの対案を提示してほしい。

対策7　異質、異端といえば、筆者も体験したことがある。講演先から生まれて初めて誹謗・中傷の手紙をもらい驚愕したことを思い出す。しかし、その地域は現在でも人口減少と高齢化、そして結婚難という実態にストップがかかっていない。なぜ筆者があえてそのような意見を言うのか、まず先に聞いてほしかったのだが、残念ながらその手紙にはそれがなかった。

対策8　最近はマスコミに記載されないため、以前よりは減少したと思えるが、現在でも高額な金額で、外国から花嫁さんを迎える風潮は消えていないし、聞くところによるとトラブルも多発しているという。それなら身近にいる国内の女性を引きつけるアイデアなどを、インターネットなどで発信してはどうか。地域の農家に民泊させて、その土地ならではの料理教室などを開催し成功させた例もあるのだから。

対策9　結婚願望のある男性達は、女性達との会話力をもっと向上させてほしい。婚活でせっかくデートにこぎ着けても、男性が沈黙してしまうことが多いため、女性は困惑してそれ以上発展することなくパスしてしまうことが多いからだ。口うまい狼（?）にまんまと引っかかったかのように見せるのも女性の心理。だけど、あまりにも口説き方が上手いと逆に女性は引いてしまう。なにはともあれ会話力は身につけてほしい。

対策10　今までの体験からだが、都会の女性たちも地方への結婚を特別嫌っているわけではない。某県の婚活アドバイスを参考に記載すれば、まずはどんな生活環境でどんな生活をしているのか、地域以外の人に口うるさくはないか、トイレは?　お風呂は?　キッチンは?　子育て環境は?　学校は?　など、彼女たちの知りたいことを、納得のいくまで説明することだ。

対策11　どんなことでもよいので、地域に趣味などのグループをつくり、今までやったことがない人にリーダーになってもらい、その人に発言する機会を与えてほしいのだ。体験から思うことだが、地方ではこのようなことはないに等しい。旧態依然とした方法では斬新な意見などは思いつかない。そして人間は徐々に自信を持たせることで行動するようになる。

対策12　後継者不足や婚活を盛り上げるため、過疎地域の行政ほど、都会の女性が安価に宿泊できる民宿のような場所、いつでも気軽に地元の男性と懇談できる場所を提供してほしい。欧州などではこの案件で成功している地域もあるが、日本にはまったくと言っていいほどどこのような対応をしている地域はないのではないか。

対策13　地域が雪国であるなら、ウインタートライアスロン大会を開催してみてはいかがか。山岳地帯なら、日本一過酷なマウンテンバイクなどの競技大会、河川のある地域なら水泳の駅伝競争など。スキー場のある地域ならそれを生かさない手はない。年齢別や親子で、あるいは婚活女性とのペアでタイムレース大会なども面白いのではないか。

対策14　地域の婚活相談員は中高年だけでなく、もっとバラエティに富んだ年齢層にしてほしい。そして中高年は「今の若いものは」などと言わず、若者と交わりながら、彼らが今何を考えているのか、まずは聞き役になって時代への対応力を学んでほしい。このような行動こそ地域活性化につながるきっかけになるのではないだろうか。

対策15　小さな子どもがいる都市圏のシングルマザーをターゲットに、「子どもといっしょに遊びに来ませんか」のキャンペーンを実施してみてはどうか。夏休みを利用するならカブトムシやホタルなどの観察会、冬休みならスキー体験などを格安で企画し、できれば移住体験も提案してほしい。これなら間違いなく地域全体の価値と評判が上がるはずだと思えるが。

対策16　山形県の知人が、大きな農家の空き家を借りて私塾を開講した。筆者も何回かそこで講義をしたことがある。これまで地域住民だけでなく近隣の特に若者たちも集め、講演会や懇談会、料理教室なども行なった。また、そこで宿泊できるようにしたところ大評判となり、なんとそこで知り合った男女2組が結婚し、住民たちを驚かせた。

対策17　先般、首都圏での講演後、懇談した女性達から「過疎地域でもいいから、滞在型のバイトなどがあったら行きたい」とのコメントがあった。こんな言葉の中にも地方創生のヒントが隠されているのではないか。行政は「果樹園や花の栽培、牧場などで働くことができます。私たちの町に来ませんか」など、どんどん発信してほしい。

対策18　婚活願望の女性たちに、「わが地域に1泊から1週間程度でいいので遊びに来ませんか。その間、希望があれば地域の家でお手伝いをしてもらいます。婚活相手の民泊は無料です。その家のお母さんたちといっしょに地元の料理をつくり、できた料理を男性たちといっしょに食べましょう。ぜひ、わが町へ遊びに来てください」の宣伝を。

対策19　都市の若者たちに向けて、地域でのさまざまな優遇策を提示しながら農業従事者を募集する。行政は説明責任を果たし、サポート体制を整える。休耕の田畑や果樹園などの作業を手伝わせながら、応募してきた若者がその仕事に向いているかどうか、空き家などに滞在させて確認し、できれば移住することを率直に話してほしい。

対策20　空き家対策としては、行政が持ち主と話し合い、納得した持ち主はその空き家を行政に貸し出し、それを行政が移住希望者に貸し出すという対応でうまくいっている地域がある。ただ「家に仏壇があるので貸せない」とよく言われるので、「仏壇を空き家などに1カ所にまとめてみたらどうか」と提案したところ、うまくいった。

対策21 これも体験からだが、婚活のお見合いのとき、司会が下手だとペアがまとまらないことが多い。まずは軽いユーモアで笑いを誘い、彼ら彼女らの緊張をほぐしながら進行するのが名司会者への第一歩である。

対策22 お嫁さんを欲しい家のお母さんが、婚活中の女性と地元の自慢料理をいっしょにつくり、おしゃべりしながらいっしょに食べたところ、双方が仲良しになった。その当日、女性は誘われてそのお母さんの家に民泊。お母さんが女性を気に入り息子と結婚した例もあるので、これらもヒントにしてほしい。

対策23 その地域に再度、伺った際、行政に「お嫁さんのほしいお母さんが婚活中の女性に料理を教えるという対応をしてください」と提案した。「事前に打ち合わせをして、もしお母さんと娘さんが仲良くなったら、お母さんには『今日、私の家に泊まりに来ませんか』と、娘さんを誘うようにしてください」と話した。実際、娘さんが泊まりに行った結果、この誘いの成功率は上々で、息子との結婚話が決まり大成功している。

対策24　結婚相手の第一印象や好き嫌いは重要だが、地方ではその息子の両親と同居することが多いので、その家のお母さんとうまくやっていけるかどうかも、女性たちは心配している。彼女たちの心配を払拭するためにも、お母さんと女性とで料理づくりなどの時間をもち、フランクに懇談してみてほしい。互いに良い印象をもてればカップル誕生につながる。実際、この方法で成功している例もある。

対策25　婚活している首都圏の女性で、花が非常に好きだという人たちを集め、花を栽培している地域の男性と婚活をした結果、成功率が非常に良かった。そこで、例えば動物の好きな女性を集め、牧場のある地域で婚活をしたり、園芸に興味のある女性ならば果樹園のある地域で婚活したりする方法もある。行政には地域の特徴を生かした対応を考えてほしいと思う。

対策26　過疎地域に移住者を呼び込むアイデアとしては、さまざまな趣味で興味をもってもらうのも1つの方法ではないか。例えば、川魚釣り、春のゼンマイやわらびなどの山菜採り、冬のスキー&ボードなど。動物好きには牧場、植物好きには花畑や果物園など、多様な趣味に対して地域はどんな提示ができるのか。この辺も重要なポイントになると思う。

対策27　移住希望者に向けて、行政は思い切って「地域の空き家を無料で貸しますから、わが地域に移住しませんか」と呼びかけよう。「仕事はハウス栽培のほか、介護や保育園のサポートなどもあります」、「今は耕されていない田畑を無料で貸し出します」、「日々の食料として、米を一人年間30kg無料で差し上げます」なども魅力的な提示だろう。

対策28 ツリーハウスといって、木の上などに簡素なログハウスをつくって貸し出すというアイデアで成功している地域がある。北軽井沢町や長野県大町市、静岡県熱海市、栃木県那珂川町、千葉県君津市などだ。つくるときは、できれば地域の元気な高齢者をボランティアで参加させ、利用者には地域の農産物などをプレゼントする対応はどうだろうか。

対策29 過疎地域に伺うと大抵、今後の跡取りがいないので、「先行き、家や田畑をどうするのか」という問題に直面している。家や田畑の対応策などはどうするのか、生前から行政としっかりと話し合っておくのも先行きの対応策である。具体的には、例えば現在まだ住んでいる人に「将来、自分が亡くなったときには行政に管理してもらい、できれば貸家にするなどの方法もありますよ」などと提案している。

対策30 インターネットなどで農業を希望する若者を募集し、先行き跡取りのいない地域の人の家に住んでもらう。そして数年間、地域で農業を体験させ、本気で農業に携わる希望者であれば、改めて行政が中に入り、自分の代で農業ができなくなるという人に、その若者に養子になってもらい、現在の家や田畑を譲るというアイデアはいかがだろうか。

対策31　行政が率先して、地域に趣味などでつながる多様なグループを立ち上げてほしい。例えば、ジョギングやテニスなどスポーツをするグループや、おしゃべりをするグループ、子どもに昔話を聞かせるグループ、外国人を交えて郷土料理を教えるグループなど。筆者はスキーのグループを立ち上げているが、そこで何組も婚活を成功させている。

対策32　行政が周辺地域の行政と協力して、昔あった青年団のようなグループを立ち上げ、月1回、独身男女が集まって簡単な食事会などをするような会合を開催したらいかがだろうか。懇談することで双方が打ち解け、婚活につながることもあると思うので考えてほしい。このような提案をした結果、実行する地域も出始めている。

以上が筆者の思いついた対応策だが、これを基に地域ごとにアレンジしてみてはどうか。例えば28番目の「農産物のプレゼント」なら、市場に出荷できない農産物を利用するのも1つの方法だし、それを素材に来場した顧客といっしょに地元でしか味わえない料理をつくって食べるのもいい。

もう1つ、忘れてならないことは、行政は地域に廃校が出た場合にどう対応するのかを今から考えておいてほしい。対応が遅れると取り返しのつかないことになるからだ。現に廃校が出た途端に地域の若者たちが数年でいなくなり、60歳以上の高齢者が60％以上となった地域もある。それで伝統の祭りまで中止せざるを得なかったのだが、その後、この地域に「参加者を普通の家庭にホームステイさせてはどうか」と提案したところ、すぐに受け入れてなんとか復活した。

移住者や観光客を呼び込むポイントとしては、他の地域との差別化を図ることが重要だ。移住者や観光客が得した気分になるような特徴的な提案が不可欠ではないだろうか。何度も言うが、地域住民が一体となって、一見異質と思われるような対応策でも怯まず発信し続け、そして受け入れ態勢もしっかりと整えることだ。口先だけでなく、実際に「行動するか、しないか」の問題である。

4　とにかく諦めずに取りかかろう

先般、宮城県大崎市の鳴子温泉にあるホテルが衰退しているということで講演を頼まれ伺った。以前は湯治客や会社の旅行などで賑わっていたが、バブル経済崩壊以降は客足が減少し、倒産する旅館も出始めた。現在は観光協会や合併前の1市6町村の町内会を巻き込み「東鳴子ゆめ会議」を発足させて対応している。そこでは「光の盆」の竹灯籠祭りや「アート湯治祭り」などのニューイベントが提案されたほか、三輪自転車を導入して顧客に湯めぐりや周辺のサイクリングを楽しんでもらいつつ、湯治場の足として活用するなどのアイデアが取り入れられたという。また「田んぼ湯治」として、種まきから収穫まで年10回ほど田んぼの仕事と湯治を組み合わせたイベント開催にこぎつけ、これが定年後のシニア層や家族連れに大好評となった。その結果、平成18年度の「全国過疎地域自立活性化優良事例」で総務大臣賞を受賞し、地域に思いのほかインパクトを与えた。これも地域の衰退に危機感を持った行政と地域住民がいっしょになって動いた結果といえるだろう。市の担当者や観光協会は「これで地域住民の意識も変わった」とコメントしている。

岩手県遠野市は、明治の末に発表された柳田國男『遠野民話』のもととなった地域であり、河童・座敷童子などの民話でも知られる。また「南部曲り家」と呼ばれる古民家が今も地域の生活様式を伝えている。住民たちはグリーンツーリズムの受け皿となる農家民宿を立ち上げ、観光客などを受け入れているが、現在その数、なんと百数十軒。この農家民宿を開業するにあたっては、「住民自身が楽しんで行なえること」が条件だという。理由は、民宿側が無理してお客を受け入れることになれば、応対が雑になることが目に見えているからだ。「おもてなしができないことがあってはならない。お客に不快な思いをさせてはならない」との強い思いがうかがえる。最近は外国の観光客も宿泊し、好評を得ているという。修学旅行なども受け入れているが、生徒たちの目的は「農家の生活を実践すること」と「農家といっしょに農作業をすること」で、「その人の家に泊まること」が前提になっている。この対応も評判となり、地域に画期的なインパクトを与えている。

5 過疎地域でも「芸術村」で人を呼び込む

筆者は主に東日本の過疎地へアイデアを発信しつつ現地にも伺っている。秋田県は日本一、人口の減少率が高い県である。この県では幾度となく講演し、行政にも地域社会にも対応策などを必死になって提案しているが、思いのほか成果が上がらないのが実態だ。

その秋田県のほぼ中央に位置する仙北市は、地域の約8割が森林地帯で、秋田杉などが有名な地域である。ここでも人口の減少がひどく、市も対応に苦労している。だが、この地域にある「劇団わらび座」が発信するアイデアは斬新で、修学旅行での農業体験、農家民宿など滞在型の多様なビジネスを展開したり、劇団の拠点である「たざわこ芸術村」では複合エリアとしてホテル、温泉、地ビールレストラン、森林工芸館、化石館などを立ち上げたりして、地域住民はもちろん観光客にも好評を博している。また、劇団の中核となる「わらび座劇場」では、東北地方の素材を活かしたオリジナル・ミュージカルなどの上演を中心に、伝統ある地域の民族舞踊、和太鼓、演劇、健康体操教室などを主催し、地域の婚活や活性化にも寄与している。

また、隣接する青森県の田舎館村は、数十年前から田んぼアートを村全体の住民が協力して行なっているが、その結果、村の知名度が高まり人を呼ぶ原動力になっている。最近ではこの田んぼアートがさまざまな地域で展開され評判になっている。

今回、シングルマザーのことをたびたび書いたが、欧州の過疎地域では、夏休みなどに子どもといっしょに彼女らを地域に呼び寄せ、近い将来、子どもといっしょに移住してもらおうと、さまざまな優遇策を提示している。これが案外うまくいっている地域もあるという。数は多いとは言えないが、優遇策を提示して地域をアピールした結果、少しずつ移住者が出始め、地域の活性化に寄与している実例があることを知ってほしい。成果を上げた地域のやり方を参考に、官民が一体となって行動することが重要だが、もし、これに賛同する地域があるなら筆者に連絡していただきたい。秘策を教えるために伺いたいと思っている。

6 対応しなければ地域の消滅以外ない

地域への移住促進としてさまざまなアイデアが発信されているものの、画期的な対応策はまだまだ少ないように思う。そんな中、四国の高松市や北海道十勝では、移住体験ツアーをインターネットや首都圏の新聞などで募集し、わずかながらも成果を見出している。地域づくりに関わってきた筆者の体験から思うことだが、とにかく住民全体で受け入れ体制を整え、取り組んでいる地域ほど成功しているようだ。

これも体験からだが、提案した例などを過疎地域などで何回も講演しているのだが、積極的に行動する過疎地は思いのほか少なくがっかりすることが多い。また、それとなく拒否反応が返ってくる地域もあり、これが今の実態とはいえ、やはり残念に思う。日ごろから、この拒否反応や無反応地域などをなんとか撲滅したいと思っているので、呼び出しがあれば東京の仕事を断ってでも伺うのだが、いつまでたっても取りかからない地域も多くて落胆するばかりだ。

一方で、現実には少ないが成功している地域もある。成功している地域ほど、実にしつこく質問してくるし、再度講演に呼んでくれるので対応のしがいがある。山形県には20年以上通っているほか、最近は福島県や長野県にもたびたび通っており、少しずつではあるが成果が出始めている。

「人がいないから」などの理由で地域の活性化を諦め、対応していないと思われる地域に、筆者は「本当に緊急事態ですよ。対応しなければこの地域は消滅するかもしれませんよ。消滅してもいいのですか。先祖に対して申し訳ないと思いませんか。子どもに、孫に、何を置いていくのですか。対応によっては首都圏から移住者を呼び込むことだってできますよ。成功している地域もあるのですから、とにかくまずは対応してください。問題が出たらアドバイスしますから」などと、しつこく（？）言うのだが、これにもなんとなく無反応なことが多く、また実行できない言い訳も多くてこちらが気抜けしそうになるほどだ。一部とはいえ、これが最近の過疎地の実態だと言わざるを得ない。

7　学校閉鎖がより地域の過疎化に拍車

　数年前、知人を介して某県の山里にある過疎の村から声がかかったので伺った。以前、この村の人口は１４００人ほどだったが、小・中学校が閉鎖になったこともあり、現在は３００人を切っていた。また結婚していない40歳以上の男性も多かった。これに対して行政にはまったく対応策がないようで、担当者は「急激な人口減少で今は高齢者ばかり。活性化するアイデアなど、とても思いつかない」と右往左往していた。

　どこの過疎地域でも学校の閉鎖が起こっているが、これがさらなる人口減少につながっているのが実態だ。ある調査では、人口の減少から現在まで、全国の学校閉鎖はなんと６８００校を突破したという。廃校になった公共の建物などは有効活用されていない地域が多いのだが、なかにはうまく活用している地域もある。宮城県石巻市雄勝町の旧桑浜小学校では、地域の住民と企業が参加し、2年がかりで改修。宿泊施設として、また高齢者や子どもたちが集まる憩いの場として有効に活用されている。佐渡島では日本酒の酒蔵として、和歌山県では米国人男性が開業した木工所として活用されている。そのほか、登山客のための素泊の宿や、住民の集会所として利用されている例もあるが、まだまだその地域に合った対応策は数少なく、地域に何かを還元するような利用度はたったの20数％というから驚く。

今後、このような廃校を地域の行政はどのように利用するのか、対策を立てているのだろうか。廃校の有効利用について頭を痛めている地域から相談されることもあるので、1つのアイデアを提案したいと思う。

アイデアというのは、この廃校の教室を、周辺の各市町村と話し合って1つずつ割り当て、各地域自慢の土産物の販売や、地元料理のレストランなどを開店してはどうか、というものだ。観光客が教室を巡ることで、地域ごとに異なる自慢の土産物を買うことができて、料理を食べることができれば、間違いなく評判となり、流行るのではないかと思うのだが。この対応は早い者勝ち。手を上げる地域があれば、そのノウハウをすぐにでも提供したい。

8　農業の助け人は外国の実習生

知人によると、北海道士別市にある「かわにしの丘　しずお農場」では、日本人社員約100人の平均年齢は58歳であるという。若手人材を募集しても集まらないため、2015

年に外国人実習生の受け入れを決断し、現在グループ全体で20人のベトナム人を雇っているそうだ。同農場の今井会長は「彼らは真面目で仕事熱心。彼らがいなければ仕事は成り立たない。将来は管理職として経営を任せられる人材も出て来てほしい」と話し、以前では想像もしなかったことを思い描くようになったという。

「今の日本の農業は、外国人実習生を受け入れなければ成り立たない。彼らのおかげで地域の活性化も図られている。人はまだまだ足りない」と、茨城県の農家の知人は言う。

現在、日本の農業に従事する外国人の実習生は、２０１７年までの5年間で1・7倍の２万７１３９人増加した。漁業も12年の１１４０人から17年は２７５６人に増えた。

農林水産省によると、農業に従事する外国人の大半がアジアから来日した技能実習生で、国別に見ると、12年度に来日した実習生８８２１人の70％超を占めていた中国人は近年減少し、12年度には10％以下だったベトナム人が急増、16年度は実習生の30％超の３８３４人となった。あるベトナム人技能実習生は、「日本は評判がいいので、今後もベトナム人が増加することは間違いないと思う」とコメントする。

このように、今後は日本の少子高齢化と、政府の「外国人を入れる方針」が相まって、各地に外国人が住み着くことは間違いないだろう。過疎地域はこれらの外国人をどう受け入れ、どう地域活性化に役立てるのか。しっかりと対応しなければならない時代に差しかかっている。

9　これほどまで人口減少なのに対応策はなし

先般、某県のある地域に講演で伺ったが、以前は3万2000人ほどいた住民が、現在は1万5000人弱となっていた。しかし、行政の担当者と話しても対応策も意欲もない感じなので、筆者も意気消沈したことを思い出す。「何か対応策をとっているのですか」などと話しても、まったく上の空だった。また某県のあるスキー場に隣接する部落では、以前は130人弱いた住民が現在、男性たった1人になってしまったというから驚く。

近年は人口減少とともに各地で空き家が増加しているが、空き家対策として注目され始めているのが、18年4月から始まった徳島県神山町の「お家長生きプロジェクト」だ。

神山町では、光ファイバー網を整備し、IT（情報技術）企業のサテライトオフィス誘致を本格的に始めて約10年が経つ。これらの仕事から若者を中心に移住者が増えた。「最近は移住希望者に紹介できる物件が不足気味」というから、実に羨ましい地域である。地域に空き家がないわけではないが、長い間、使用されていないため傷みがひどく、紹介できる物件がないのだという。そこで現在、家を所有する高齢者などが元気なうちに、跡取りなどがいない場合、「自分が亡くなったときにはこの家を誰かに使ってもらう」ことを宣言し、家主なき後の家をずっと生かそうという制度が「お家長生きプロジェクト」だ。宣言した人の家は行政のアドバイスを受け、地域の住民も小さな修理などをサポートして、普段から丁寧に使う、という実に斬新な仕組みを考えた。この制度がスタートした途端、さっそく1人が名乗り出たという。

このような日本の事態に、政府は「空き家をどう除去するか」という考え方から、今は「空き家をつくらせない方向に向かっている」(国土交通省住宅局)とコメントする。

現在住んでいる人には家を丁寧に使ってもらい、行政は家主が亡くなっても空き家にすることなく、誰かに住んでもらうために対応するという制度。これなどは非常に良い対応策ではないかと思うが、問題はすぐに借り手が見つかるかどうかだ。そこで、そのためにも普段から情報を発信し、どうやって移住者などを呼び込むことができるか、この辺が行政の手腕とアイデアの見せ所だ。加えて、地域ではどんな仕事や働き方ができるかなど、きめ細かい取り組みをすることも重要なポイントになるだろう。

10　移住者ツアーに県もサポート

山梨県は東京都に隣接しているため、長野県とともに移住者に人気がある。とはいえ、現在の人口82万人弱で、やはりこの県も人口減少に悩まされている。これに画期的な対応策はなく、県の動きもまったく鈍い。この実態に「先々地域が消滅するのではないか」と危機感を持った民間の女性が、以前勤めていた旅行会社で「移住ツアー」を立ち上げ発信したところ、好評を博した。これまで百数十人ほどを案内し、移住希望者には地域の空き家を紹介し、その結果、現在まで10件ほどが決まり、移住者に喜ばれているという。このツアーが県の担当者の目にとまり、女性と話し合いをした結果、この先は県もサポートするということになった。今後は県のホームページなどインターネットでもPRされるであろうし、その成果が期待される。この動きがマスコミに報道されたことから問い合わせも増えたという。

本来、このような対応は県が先頭に立って音頭をとるべきなのに、民間人が危機感を持って対応して初めて県がサポートするという段取りとなった。山梨県の知人は「県庁の動きはいつも鈍い。『隣接する東京から移住者を引き寄せる対応を考えたら』と話したことがあるのだけれど鈍いね。移住希望者は移住先にどんなことを期待しているのか、もう少し検討してアピールしてほしいよね。今まで、それなりの対応はしてきたとは思うけれど、人口減少があまりにも急速なので追いついていない感じだ。農業地帯では、跡取りのいない人も多く、利用されていない田畑が年々増加している。今後、県はこの実態をどうするつもりだろうね」と心配していた。人口減少は全国的に拡大しており、緊急事態であるのに政府の動きは実に鈍い。また、東京都に隣接する千葉県（17年度の人口625万4886人）も同様だ。確かに東京に隣接する地域の人口は、わずかながらも増加しているが、成田空港周辺から東側の地域では人口が減少しており、いすみ市（同年人口3万8574人）では、2018度末にいすみ市立千町小学校（児童44人）が閉校になる。理由はもちろん人口の減少からだが、市も県も、この地域に率先して移住者を増やそうとしている様子は見られない。

繰り返しになるが、過疎を解消する手立てはたくさんある。これまで示してきた成功事例を、自分たちの地域に合うようにアレンジすることもできると思う。過疎がすすむ地域ほど諦めず、為政者はもとより地域住民全体で話し合いながら、即刻、対策に取り組んでほしい。

おわりに

ここまで、大使館員や特派員の方たちから伺った話や、市町村が自ら練ったアイデアで成功させた事例などを端的に記述してきたつもりだ。たびたび指摘したように、日本の人口は思いのほか急激に減少している。ある県などは年に1%以上減少しているという。行政も対応策を考えてはいるようだが、ストップがかかっていない。人口増加は首都圏のほかは数府県だけである。

先般、ある県の過疎地域といわれる町へ講演に伺った。以前は1万人以上いた住民が、現在は2000人以下となっていた。行政は右往左往するばかりで不甲斐ない。学校は閉鎖され、「高齢者ばかりでこの地域が消滅するのは時間の問題」と意気消沈する住民の姿が忘れられない。

余談になるが、イギリスのある企業が行なったアメリカでの調査で、今後、旅行したい国として「日本が1番」(2018年)になっていた。旅行回数が多い人ほど日本の地方に興味があるという。在日大使館員や特派員などには「日本の昔の家に泊まりたい。夕食は座ってお膳で食べたい。そんなところはないか」などと聞かれたりすることもある。こんな好機にありながら、地方の地域が衰退し消滅する事態に直面していると思うと、居ても立ってもいられないのが筆者の心境だ。今まで各地を訪ねた体験からしても、必死で活性化に取り組んでいる地域がある一方で、最初から諦めている市町村も多く、筆者が対応策を提案してもなんの行動も起こさないから、がっかりだ。

現在の地方衰退の実態を喫緊の事態と考え、「地方創生」のためにも、そして「日本創成」のためにも、各地の行政は即刻、住民の先頭に立ち、提案した対応策などを熟慮しながら取り入れ、そして地域住民と一体となって行動し、対応してほしいものだ。これこそが現在の、また過疎住民がターゲットにする対応策であることは間違いないと思う。

最後に次のような言葉を思い出した。「血につながるふるさと、心につながるふるさと、言葉につながるふるさと」。これは島崎藤村が帰郷したときに残した言葉だ。故郷とは、まさにこういうことではないだろうか。先々、「ふるさとにつながる地域」が消滅しないよう、総力を挙げて対応してほしい。

２０１９年１月吉日

奥崎喜久

著者略歴

奥崎喜久（おくざき・よしひさ）

経済評論家（博士）。日本ビジネス経営研究所理事長。地方創生諮問委員。地方創生地域活性化工房理事長。全日本実業団スキー連盟理事長。元（一財）都市農山漁村交流活性化機構（まちむら交流きこう）ふるさと応援隊隊長。元ネール大学客員教授。

1938年、青森市生まれ。幼少のころからスキーを始め、県立青森工業高校スキー部時代に同郷のプロスキーヤー・三浦雄一郎さんと何度か八甲田山をいっしょに滑った経験をもつ。大学進学のため上京、大学院在学中に、通商産業省（現・経済産業省）入省。73年、米国アラスカのデナリ山（旧マッキンリー山）を仲間と滑降し、76年には三浦さんがヨーロッパアルプスの最高峰モンブランを滑降したとき、支援チームの一人として後方について滑った。毎年開催される、全日本マスターズスキー選手権大会にこれまで30回以上出場し、上位入賞も果たしている。

旧通産省入省後、ホームステイを受け入れる団体に登録し、以来、アメリカ、イギリス、中国、韓国、マリ、エジプト、フィンランド、ポーランド、ペルー、タイなどから留学生をホームステイさせるボランティア活動を続けている。

著書に『4行に込められた経営者とビジネスマンの心得』（本の泉社）などのほか、新聞、雑誌に論文やエッセイを多数執筆。

連絡先
地方創生地域活性化工房
TEL：03-3864-3327　FAX：03-3864-3424
E-mail：kazue_okuzaki@hotmail.com

「過疎地域《かそちいき》」から「希望《きぼう》の地《ち》」へ
新時代《しんじだい》の地域《ちいき》づくり

2019年5月30日　第1刷発行

著　者　　奥崎喜久《おくざきよしひさ》
発行者　　落合英秋
発行所　　株式会社 日本地域社会研究所
〒167-0043　東京都杉並区上荻1-25-1
TEL　(03)5397-1231(代表)
FAX　(03)5397-1237
メールアドレス　tps@n-chiken.com
ホームページ　http://www.n-chiken.com
郵便振替口座　00150-1-41143
印刷所　　中央精版印刷株式会社

ISBN978-4-89022-240-7

日本地域社会研究所の好評図書

鈴木克也ほか著／エコハ出版編…山の幸である「山菜」と対置して「海菜」と呼ぶことができる海藻。日本人は、海藻を重要な食資源として趣きのある食文化を形成し、深めてきた。美容と健康のために大いに海藻を食べようと呼びかける話題の書！

海藻王国

海の幸「海菜」をベースとした日本独自の食文化を味わう

A5判193頁／1852円

大浦昌久著／一般社団法人発明学会監修…発明相談年間500件をこなす著者が、出願書類作成のすべての悩みを解決してくれる1冊。夢と志と、やる気・根気・本気があればヒット商品開発者になれる。理工系大学でも使用される最新の方法を収録。

クレーム図解法を使った特許出願書類作成の極意を教えます

発明・特許の悩みをすべて解決！

A5判172頁／2000円

榎本眞著…多感な少年時代を戦争へと向かうゆがんだ教育によりすごし、国のあり方も思想も生活環境も大きく様変わりする時代を生きた昭和維新人の証言＆遺言。激動の時代を生き抜いた昭和ヒトケタ世代が後世に伝えたいこととは……。

昭和維新人のつぶやき

ニッポンの戦前・戦中・戦後を顧みて

46判111頁／1200円

三浦清一郎著…行政主導ではない市民主導型の画期的な相互学習システムを実践して30年。宗像市民の自主運営でまかなわれる「学習システム」は、市民に学び教え合う喜びと生きがい、住民交流を生み出した。地域活性化にも貢献した取り組みを紹介。

「学びの縁」によるコミュニティの創造

市民による市民のための生涯教育システムづくり

46判129頁／1440円

菊田守著…幼少期の思い出を絵で描くように詩にあらわす。その原点となった言葉、出来事を思い起こし、詩とは切り離すことができない著者の人生を振り返った心温まる本！

古典を学ぶ！日本人のこころと自然観

山川草木鳥獣虫魚の世界に遊ぶ

46判262頁／2500円

瀬沼文彰著…これからの時代に必須となるユーモアを分析し、効果の大きさと影響力を示す。笑いあふれる人生を送るため、誰でもできるユーモア力アップの方法と技術を具体的に紹介した1冊。

ユーモア力の時代

日常生活をもっと笑うために

A5判276頁／2400円